反對

選舉

反對選舉

TEGEN VERKIEZINGEN

DAVID VAN REYBROUCK
大衛・凡・雷布魯克 著
甘歡 譯

英國人自以為是自由的，他們是大錯特錯了，他們只有在選舉國會議員的期間，才是自由的，議員一旦選出，他們就是奴隸，他們就等於零。

——盧梭《社會契約論》

目錄

第一章 **症狀**

狂熱與懷疑：民主的悖論 14

合法性的危機：支持率下滑 20

效率的危機：活力下降 26

第二章 **診斷**

政客的過錯：民粹主義 36

民主制的過錯：專家治國 41
代議民主制的過錯：直接民主 46
選舉代議民主制的過錯：一種新的診斷 61

第三章　致病機轉

民主制的程序：抽籤（古代和文藝復興時期） 84
貴族制的程序：選舉（十八世紀） 107
選舉的民主化：虛假的過程（十九世紀和二十世紀） 124

第四章　良藥

抽籤選擇的強勢回歸：審議民主（二十世紀末） 140

民主實踐的革新：國際性浪潮（二〇〇四—二〇一三年） 151
未來的民主創新：以抽籤模式為基礎的立法機構 169
以抽籤為基礎的民主藍圖 178
呼籲雙代表制 192
結論 208
致謝 212
參考文獻 218
注釋 228

◎編輯說明：本書繁體中文版依據二〇一六年七月 The Bodley Head 出版社版本增補修訂。

第一章 症狀

❖ 狂熱與懷疑：民主的悖論

人們對民主的態度甚是古怪：每個人似乎都心生嚮往，但無人再對它心存信任，儘管國際統計資料向我們表明，越來越多的公民自稱擁護民主。數年前，大型國際研究項目「世界價值觀調查」（World Values Survey）對來自五十七個國家的七萬三千多人展開了調查，這些國家的人口數量占全球人口的近八五％。當被問及是否認為民主是治理國家的良策時，不少於九一・六％的調查對象做出了肯定回答。[1] 全世界贊成民主思想的人口比例從未如此之高。

如此高昂的熱情真是令人不可思議，尤其考慮到不到七十年前，民主制度還是「一片狼藉」。在經歷了法西斯主義、共產主義及殖民主義之後，全球在第二次世界大戰結束之際僅有十二個名副其實的民主制國家。[2] 不過，在民主制國家的計數器上，指針開始緩慢地往上爬：到一九七二年時，共有四十四個自由民主制國家；[3]到一九九三年時則高達七十二個；時至今日，全球一百九十五個國家中有一百一十七個以選舉程序為基礎的民主制國家，而其中的九〇％可以說是實踐意義上的自由民主國家。縱觀歷史，民主制國家的數量從未如此之多，對這種政府形式的呼聲也從未如此之高。[4]

然而，人民對民主的狂熱出現了降溫趨勢。這項「世界價值觀調查」還表明，在過去十年中全世界越來越熱烈呼喚「不必因議會或選舉之事而費盡心思」的強人領導者的出現，而與此同時，公民對議會、政府和政黨的信任度已降至歷史冰點。[5]人們似乎青睞民主這一思想，但不喜歡已被付諸實踐的民主，或者說至少不喜歡當前的民主實踐。

這一逆轉在一定程度上因新成立的民主制國家而發生。在柏林圍牆倒塌二十年後，原東歐集團的多個國家發生了嚴重的希望幻滅。「阿拉伯之春」似乎並沒有宣告一個民主之夏的到來，而且即使在那些執行了選舉程序的國家（突尼斯、埃及），許多人都看到了新政體的陰暗一面。那些第一次經歷民主制的人發現，現實中的民主並不完美，因而感到失望至極，尤其當他們發現儘管他們的國家推行了民主制，但暴力與腐敗仍然橫行，經濟衰退也未能避免時。

但還有其他緣由。甚至堅定的民主派也越來越頻繁地處於矛盾之中，時而看到民主制的魅力無限，時而對其持否定態度。在歐洲，這一矛盾最為突出。雖然歐洲的民主思想源遠流長，且享有廣泛的群眾支持，但人們對民主制度各個機構的信任度正在顯著下降。二〇一二年秋季，歐盟的官方民意調查機構「歐洲晴雨錶」（Eurobarometer）指出，只有三三％的歐洲人仍對歐盟懷有信心（二〇〇四年時這個數字是五〇％），而仍信任自己國家的議會和政府的公民比例甚至更低，分別是二八％和二七％。[6] 此調查數字為多年來最低，意即今天，對於自己身處的政府機構，三分之二乃至四分之三的人都表現出不信任的態度。儘管保持一定的懷疑精神是有批判能力的公民最起碼的義務，但我們可以思考：這種懷疑可以發展到什麼地步？到了何種程度，健康的懷疑將會變成真正的厭惡？

近來的調查資料極好地反映了歐洲公民的普遍懷疑態度。他們所懷疑的，不僅僅是嚴格意義上的政府機構，還有包括郵政系統、醫療系統、鐵路系統在內的公共服務部門。就廣義的政治信任而言，針對政府的信任不過是其中一項。而在民主制度下的各種機構中，政黨面臨的信任危機顯而易見最為嚴重：以十分為總分，歐洲公民給政黨的評分平均值為三・九分，然後從低到高依次才是政府（四分）、議會（四・二分）和媒體（四・三分）。[7]

然而，不信任是相互的。荷蘭研究員彼得・坎內（Peter Kanne）調查了海牙政黨代表對荷蘭社會的看法，並於二〇一一年公布了一些值得重視的資料。八七%的荷蘭政府精英自視崇尚自由、具有國際視野的革新者；但是八九%又認為，荷蘭人的思想偏傳統主義、民族主義和保守主義。[8] 所以絕大部分政客認為公民的價值觀與他們的相左、上不了檯面。我們完全有理由認為，其他歐洲國家也會呈現同樣的狀況。

不過我們還是說回公民。對於公民的不信任，最常用的一個解釋是淡漠。個體化和消費主義似乎抑制了公民批判性的參政能力，他們對民主的信念因而不再強烈。如今，一旦涉及政治，人們就會漠然、愁苦、變化不定，還會轉移話題。所以才有人說「公民『退場』了」。事實並非全然如此。當然，很多人對政治的確興趣有限，且這類人歷來都占很大比例。那就不能說近來公民對政治興趣減淡了。研究表明，他們的政治熱忱反倒升溫：較之以往，如今人們與朋友、家人、同事談論政治的頻率增高。[9]

由此看來，民眾對政治的態度並非一面倒的淡漠。但這樣就能安心嗎？還有待觀察。如果一個時代，公民的政治熱忱逐漸增強，而對政治的信任度卻一再跑低，那麼這個時代在某些方面必然是緊張的。事實上，公民眼見執政者在執政的道路上離自己所想越來越遠，而且對公民眼中政府不可推卸之責任，政府都置若罔聞，因而鴻溝只能越來越大。這就引起了一種失落。當越來越多的公民滿懷激情地關注當權者的所作所為，卻又對他們越來越不信任時，這種情況會給國家的穩定造成怎樣的影響？一個政體可以承載多少嘲諷的目光？而在一個所有人都可以透過網路表達並分享自我情緒的時代，難道嘲諷的目光就只會是目光？

我們所處的世界與一九六〇年代截然相反。在一九六〇年代，普通的農民村婦可以毫不關心政治，卻同時表現出對民主的絕對信任。[10]社會學研究顯示，這種信任普遍存在，是很多西歐國家的共性。所以那時的箴言是：淡漠並信任。而今天我們說：狂熱並懷疑。我們活在一個躁動的時期。

❖合法性的危機：支持率下滑

不管是民主制、貴族制、寡頭制、獨裁制，還是專制主義、極權主義、絕對主義、無政府主義，一切政治制度都應該在效率和合法性這兩個基本指標之間達成平衡。「效率」要解決的問題是：若出現新問題，政府要多長時間才能提出切實可行的解決辦法？「合法性」須回答的則是：公民在多大程度上會贊同這些解決辦法？他們在何種程度上會認可政府的權威？效率與行動力相對應，合法性則與公民對公共活動的支持有關。這兩個標準通常是成反比的：毫無疑問，專制（由一個人來做出決策，其他人無權干涉）是最具效率的政府形式，但幾乎不能享有持久的合法性；而如果國家的任何決定都經由全體人民無休止的商議討論，那麼政府無疑會獲得民眾的極大支持，但其行動力肯定不強。

民主制之所以是最不糟糕的政府組織形式，其實正是因為它千方百計地同時滿足這兩個標準，每個民主制國家都力圖在合法性和效率之間達成健康的平衡。人們有時指責政府合法性不夠，有時又攻訐其效率不高，民主制要實現平衡狀態，就像甲板上的船長一樣，隨著浪濤起伏在雙腳間切換重心。然而現在，西方的民主陷入了合法性和效率的雙重危機之中，這一情形頗為反常。我們面對的不僅是洶湧的大海，還是一場狂風暴雨。為弄清緣由，我們應該重視那些之前較少關注的資料。倘若執著於每一次民調或每一場選舉結果的波紋漣漪，我們就會忽略大局，無法看到巨大的洋流，也看不到天氣的變化模式。

本書研究的重點在於多個國家的國家政府。除了國家政府，當然還存在地方、區域和超國家這三個層面的政府形式，三個層面相互影響又各有動力，但從國家層面對代議民主制的健康狀況進行廣泛的調查研究是最合適的。

民主的合法性危機主要體現為以下三種確定無疑的症狀。第一個症狀是，人們越來越不願意放下手上的工作去投票。在一九六〇年代，八五%以上的歐洲人會參與選舉。至一九九〇年代，這個比例降至不到七九%。在二十一世紀的頭十年，投出選票的歐洲人占比竟然跌至七七%以下，達到二戰以來的最低水準。[11]

這些資料表明，有幾百萬歐洲人不願參與投票。如此下去，很快就會有四分之一的選民不參加選舉。美國的形勢更為嚴峻：在總統選舉時投票率還不到六〇%，而在中期選舉時甚至低至四〇%。棄票正成為西方最重要的政治運動，儘管我們對此聞所未聞。在比利時，棄票比例相當低，因為公民必須投票（在過去十年中，棄票率平均為一〇%左右），不過這個數字也在不斷增長：從一九七一年的四•九一%增長至二〇一〇年的一〇•七八%。[12]比利時二〇一二年的地方議會選舉儘管有媒體的大力造勢，其選民參與度卻是最近四十年來的最低水準。在安特衛普和奧斯坦德等城市，棄票率高達一五%。[13] 安特衛普的棄票率如此之高確實令人大跌眼鏡，因為關於議長一職選舉鬥爭的報導已經霸占了比利時媒體好幾個月。在二〇一二年九月荷蘭國會選舉期間，多達二六%的選民連大門都不出；[14] 相較於一九七七年，棄票率僅為一二%。[15] 如果公民不願再參與民主運轉的基本程序——投票，就表明民主制度的合法性出現了嚴重問題。有鑑於此，人們還可以宣稱議會代表人民嗎？在整整四年裡，不該有四分之一的議席空缺嗎？

第二個症狀是，選民們不但棄票，還立場不堅定。參與投票的歐洲選民越來越少，而且他們在投票時變得越來越反覆無常。參與投票的人或許仍然認可民主制度下這一程序的合法性，但不像以往那樣對同一個政黨始終支持。原為代表選民的組織，卻只得到了選民一時的支持。針對「選民蒸發」，政治學家指出，這種蒸發自一九九〇年代以來急劇加速，投票變化率一〇%、二〇%乃至三〇%已是司空見慣，導致浮動選民控制了局面，政治地震日益頻繁。前不久，有人概括道：「二十一世紀以來的選舉進一步印證了這種趨勢。選民對極右派的支持率時而猛漲（二〇〇二年在荷蘭），時而驟減（二〇〇二年在奧地利），於是出現了西歐歷史上最不穩定的選舉結果，投票變化幅度在奧地利、比利時、荷蘭和瑞典這四個國家再破歷史紀錄。」[16]

第三個症狀是，政黨成員越來越少。在歐盟成員中，僅有四・六五%的選民仍是黨派人士。[17]這是歐盟國家的平均數。在比利時，五・五%的選民仍是政黨成員（一九八〇年時為九%）；而在荷蘭，這個資料已降至二・五%（一九八〇年時為四・三%）。這種下滑存在於歐盟各國。最近的科學研究認為這種現象「相當驚人」，學者對此進行了系統性分析，並總結道：

在極端情況下（如在奧地利、挪威），政黨成員減少了一〇%以上；而在一般情況下，這一數字大約為五%。從數字看，所有國家（除了葡萄牙、西班牙和希臘）都經歷了長期的大幅下降。在公民加入政黨的人數方面，英國、法國和義大利減少了一百萬人甚至更多，德國減少了五十萬人，而奧地利和德國不相上下。在英國、挪威和法國，自一九八〇年以來有一半以上的人退黨，而瑞典、愛爾蘭、瑞士和芬蘭有將近一半。這些驚人的數字表明，黨員身分的性質和意義都發生了根本性的改變。[18]

政黨在民主制度中舉足輕重，但如果加入政黨的人越來越少，這會給民主的合法性造成何種後果？政黨是歐洲最不受信任的機構這一事實會造成何種影響？此外，政黨領導人很少因此寢食難安，為何會出現這樣的情況？

❖效率的危機：活力下降

民主制度的合法性陷入了危機，其效率也面臨問題。幾近明瞭的各種各樣的缺陷都表明，要進行有效的政府管理越來越困難。議會有時需要十五年才能通過一條法律；要組建政府更是困難重重，就算組織起了政府，它也時常不太穩固，任期滿後，選民對其的抨擊經常會越來越猛烈。雖說投票率一再跑低，但選舉時常限制了政府的效率。我們再看看三條症狀。

第一，組建政府所需的協商時間越來越長，尤其在需要複雜結盟策略的國家。在二〇一〇年六月的選舉之後，比利時長達一年半沒有政府，這打破了歷史紀錄。比利時絕非孤例，西班牙、義大利和希臘也出現過類似情形，在近幾次投票後，都歷盡艱辛才組建了政府團隊。甚至在荷蘭，形勢同樣錯綜複雜。二戰後，在組建荷蘭政府的談判中，有九場持續時間超過八十天，而其中有五場發生在一九九四年以後。[19] 原因自然是多種多樣的。其中之一是，組建政府機構涉及的協約越來越長，且力圖事無巨細。這是一個驚人的變化，尤其考慮到所需時長變得前所未有地難以預測，而且對於急迫的需求必須靈活地予以回應。然而，執政聯盟的夥伴變得互不信任，選民可能施加的「懲罰」讓政府深感懼怕與不安，所以，政府成立後所需的方方面面的政策顯然應該提前就制定好。每個政黨都希望達成最好的協約，希望提前夯實盡可能牢固的基礎，關鍵在於達成目標，盡可能完全地落實政黨的計畫。如此一來，談判當然就沒完沒了了。

第二，政黨不得不承受越來越嚴重的攻擊。雖說代議制政府的比較研究還只是一個十分年輕的研究領域，但已取得相當震撼的研究成果，而針對歐洲選舉的「回報」的研究更是如此。在下一次選舉中，執政黨將面臨何種命運呢？在一九五〇、六〇年代，曾經當選的黨派會失去一%—一・五%的選票；在一九七〇年代，失去的是二%；在一九八〇年代，失去三%—五%；

在一九九〇年代，失去的是六％；而自進入二十一世紀以來，這一比例高達八％或者更高。在芬蘭、荷蘭、英國和愛爾蘭最近的選舉中，當權的政黨喪失的支持率分別為十一％、一五％、一五％和二七％。[20]既然參與政府得付出如此高昂的代價，誰還想要積極地管理國家呢？從目前形勢看，無所作為才是理性的，尤其是當這樣做不會影響政黨的資金來源時（如在國家會提供資金的政治制度中）。

第三，政府的效率越來越低下。浩大的基礎建設工程，如阿姆斯特丹的南北地鐵路線、斯圖加特的新火車站、安特衛普的環城大道、南特的國際機場，都開展得舉步維艱，或者直接就陷入癱瘓。歐洲的國家政府受制於眾多地方和跨國組織，威信和權力大不如從前。在以前，這些計畫是國家在技術型事業上的壯舉，因而樹立了國家的威信；可現在，它們就是政府的一場噩夢。政府曾經修建須德海（Zuiderzee）攔海大壩，治理萊茵河和馬斯河三角洲，還建成了高速火車系統和英法海底隧道，不過那樣的光榮時代已經一去不復返。但政府如果連鑿條隧道或建座大橋都不行，那還能做什麼呢？它能夠做到的事情實在是少之又少，因為不管做什麼，由於受到國債、歐洲立法、美國評價機構、跨國企業以及國際條例的鉗制，政府時常會感到束手束腳、無法行動。在二十一世紀初，曾經做為民族國家根基的主權成了一個相對性概念。所以，政府沒有能力迎接我們這個時代的氣候變遷、銀行危機、歐元危機、經濟危機、避稅天堂、移民、人口過剩等重大挑戰。

我們現在的關鍵字是「無能為力」：公民面對政府部門感到無能為力，政府部門面對歐洲感到無能為力，歐洲面對世界感到無能為力。人們從每個層級往下面看，看到的都是一團糟，心裡充滿蔑視，然後往上面看，懷抱的並非希望和信任，而是絕望與憤怒。今天，權力就是一道梯子，上面擠滿了光是站著互相謾罵之人。

政治以前一直都是可能性的藝術，但現在它是微觀藝術。它非但不能解決結構性問題，還有媒體瘋狂助長對邊角之事的過度曝光；媒體按照市場邏輯，尤其在新聞媒體行業的低迷期，把誇大無謂的衝突當做首要任務，而不是為現實問題提供卓識。換言之，媒體一時的關注焦點空前地控制著局面。荷蘭的議會近來對這個問題很感興趣。議會的自我反省委員會撰寫的報告顯示了一定的洞見：

為了贏得接下來的選舉，政客一直想要獲得分數。日益商業化的媒體隨時願意為他們提供陣地，這讓三個部門（政府、媒體和企業）在實力較量中互相鉗制，這個百慕達三角以神秘的方式把每件事都拉下來，而誰都摸不著頭腦，弄不清其中緣由……政治與媒體的相互作用，似乎確實是創造越來越多政治偶發性（incidentalism）的一個重要因素。新聞就是媒體的食糧。在與記者的談話中我們注意到，比起同時進行的高水準辯論，一些小插曲更容易吸引媒體的目光。[21]

偶發性這個新詞非常有用，資料則讓我們毫無疑慮。近些年來，在荷蘭的議會中，無論是口頭還是書面提問，無論是提交的議案還是緊急的辯論，都在大幅增長；與此同時，荷蘭電視臺的政治脫口秀節目的數量也大大增加，因為一旦攝影機打開，任何一個名副其實的議員都需要得分。在這個報告中，一位受訪人指出：「議員們寧願疾呼『很驚訝』、『很震驚』、『非常不滿』。十九世紀時，年邁的法學家在下議院或許比比皆是，在當下則是寥若晨星。」[22]

如果官員們不想治理國家而只想提升公共形象，如果對選舉的熱情成了一種慢性疾病，如果妥協總是被當做背叛，如果政黨政治經常引起蔑視，如果參與政府必然會導致嚴重的選舉懲罰，那麼年輕的理想主義者怎麼還會想要進入政壇呢？議會面臨著貧血的危險，它越來越難吸引到鬥志昂揚的新人（效率危機的第二條症狀）。政客這一職業正經受著和教員相同的命運：教員以前可以說是德高望重，如今卻一文不值。荷蘭一本為政府招賢納士的小冊子使用了一個極具揭示性意義的題目：《找到並留住人才》。[23]

然而，留住政治人才並非易事，因為相比以往，政治才幹的耗費變得更加迅速。歐洲理事會主席赫爾曼・范宏畢（Herman Van Rompuy）近來就這一話題發表了言論：「我們實行的民主制度以驚人的速度『損耗』著大家。我們應當注意的是，民主本身並不會衰竭。」[24]

這就來到民主制效率面臨的主要危機。民主的銳氣漸漸消弭，但是令人不解的是，它同時又越來越喧嘩熱鬧。政客不會躲到牆角嘟嘟囔囔，為自己的無能為力備感恥辱，為自己的行動範圍有限而心有慚愧；相反，他們會——甚至是應該——向公眾宣傳自己的德行（選舉和媒體沒有給予他們選擇的餘地），同時還要緊握拳頭、雙腿站直、雙唇緊閉，因為擺出這樣的姿勢能傳達出力量感，對他們大有裨益，至少他們自己是這麼認為的。他們沒有羞愧地承認權力的平衡狀態已被打破，或去尋找有效的政府組織新形式，而是不顧他們自己和公民的利益，繼續玩著媒體—選舉的遊戲。公民受夠了這種演出：這種誇張、做作的歇斯底里，並不能從根本上重建公民對民主制的信任。民主制的效率出現危機，對合法性的危機而言這無異於雪上加霜。

分析完以上種種，我們就可以得出結論了。西方民主制度的症狀既繁多又含混，但如果我們羅列出棄票論、選舉的不穩定性、政黨的人員流失、管理上的無能、政治癱瘓、害怕選舉失敗、人才招攬的欠缺、強迫性的自我推銷、慢性的選舉熱忱、讓人筋疲力盡的媒體壓力、質疑、淡漠以及其他根深柢固的突發惡習，症候群的輪廓就能明晰可辨，這就是「民主疲勞症候群」。針對這一疾病的系統性研究尚未展開，但無可否認的是，不少西方民主制國家已罹患此病。我們現在就來審視已確定的診斷吧！

第二章 診斷

根據對「民主疲勞症候群」的分析，我們可以做出四種診斷：政客的過錯、民主制的過錯、代議民主制的過錯，以及一種特殊的變體——選舉代議民主制的過錯。接下來我將逐一探討它們。

❖政客的過錯：民粹主義

政客都是野心家、匪徒、寄生蟲；政客都是牟取暴利者；政客脫離了普通民眾；沒有他們，我們會生活得更好。這些指控我們很是熟悉；民粹主義者每天都在使用它們。根據他們的診斷，民主制的危機首先是政客的個人危機。現在的統治者們都是民主精英，這一階層完全不瞭解平頭百姓之需求與疾苦。因此，民主陷入危機純屬意料之中。

在歐洲，說這些話的有經驗豐富的領導人，如西爾維奧・貝魯斯柯尼（Silvio Berlusconi）、海爾特・懷爾德斯（Geert Wilders）、瑪琳・勒朋（Marine Le Pen），也有新近上臺的領導人，如義大利的畢普・格里羅（Beppe Grillo）、奧地利的諾伯特・賀佛（Norbert Hofer）；一些政黨也這麼說，如更好的匈牙利運動（Jobbik）、正統芬蘭人黨（The Finns Party，原名 The True Finns）、希臘的金色黎明黨（Golden Dawn）；在英語世界國家，則有奈傑爾・法拉奇（Nigel Farage）、唐納・川普（Donald Trump）等人驚人的崛起。在他們看來，治癒「民主疲勞症候群」並不困難：更好地代表民眾，或選出更多民眾出身的人民代表，他們的民粹主義政黨最好還可以獲得更多選票。民粹主義政黨的領導人常以「人民的直接代言人」、「底層民眾的傳聲筒」、「常識的化身」自居。他們聲稱自己不同於其他黨派的領導人，與大街上的男男女女關係密切。公民們怎麼想，他們就會怎麼做，對領導者的責任，他們從不推卸。所以他們說：民粹主義政黨的政客與人民血肉相連。

我們深知，以上說法都是很成問題的，因為並不存在一個整體的「人民」（每個社會都有其多樣性），也不存在什麼「民族直覺」，而常識正是人所能想到的意識形態最強的東西。常識矢口否認自己的意識形態特質，就好比一個動物園打心底裡認為自己還是一片原始土地。認為存在一種領導者，他（她）可以某種有機方式與民眾打成一片，擁有和民眾一樣的價值觀，並能意識到他們時時變化的需求，這種信念與其說是一種政治觀點，不如說是在走向神秘主義——並不存在什麼深層次的問題，不過是些行銷技巧罷了。

民粹主義者就是政治企業家，他們努力獲得盡可能多的市場份額，在必要時還會空口許諾以迎合民眾。他們如果獲得權力，會如何對待那些與之意見相左的人，我們還不太清楚，因為民主將權力賦予多數人且尊重少數人——否則，民主就成了臭名昭著的「多數人暴政」。

因此，對於身體抱恙的民主，民粹主義並非一劑良藥。但原因並不在於藥方不好，抑或診斷沒有找到病根。[25]我們的人民代表確實面臨合法性問題，在這一點上，民粹主義者沒有信口雌黃。受過高等教育者在議員中占絕大多數，所以別人完全可以說我們的民主是「文憑民主」。[26]與此同時，議員的招募也存在問題。社會學家凡多倫（J. A. A. van Doorn）指出，在以前，議員當選是「因為他們代表了社會的某些方面」，而如今，我們發現越來越多的議員是「職業政客」，甚至民粹主義政客也不例外：「他們大多是經驗不夠豐富但雄心勃勃的年輕人。他們將代表社會的某些方面，因為人民選出了他們。」[27]現在人們傾向於將議員看做一項有趣的事業，一份有時子承父業的全職工作，而不是一項時長只有短短幾年的針對社會大眾的服務。這種看法也是有問題的。法蘭德斯已經出現了幾個「民主王朝」：德克羅（De Croo）、德古奇（De Gucht）、德克拉克（De Clercq）、凡・登・布希（Van den Bossche）和托貝克（Tobback）這幾個家族的第二代已經掌權。一個著名的姓氏可以加快進入議會的步伐，一位已卸任的高官曾私下這樣跟我說：「其中一些人如果換一個姓名，就甚至連地方議會的席位都夠不著。」

我認為，將民粹主義當做一種反政治形式而不予理會，這從學術上講是有失偏頗的。在最好的情況下，民粹主義是加強代表合法性，進而消除民主危機的嘗試。民粹主義者期望實施一次簡單而重大的手術，就治癒「民主疲勞症候群」：換血，盡可能徹底地換血，其他問題就將迎刃而解。反對者認為這並不能提高決策效率，並質疑說即使換一些人，政府也不會有所改善。他們認為，問題不在於執行民主制的官員，而在於民主制本身。

❖民主制的過錯：專家治國

民主決策往往既耗時又複雜，這讓人們對民主制本身的某些方面提出了質疑。例如，面對歐元危機帶來的巨大而緊迫的挑戰，人們開始尋求效率更高的制度。於是，專家治國被看作一條康莊大道。在這一制度中，人們將維護公共利益的職責交給專家，因為專家的技術知識可讓國家走出現在的困境。專家取代政客成為國家的「經理人」：他們無須因選舉而患得患失，可以高瞻遠矚地計畫籌謀，並採取一些不得民心的措施。於他們而言，推行何種政策是一個「市政工程」，屬於「問題管理」。

人們通常認為，主張專家治國論者都是希望看到國家取得進步的精英階級。民粹主義是人民的，專家治國是精英的，真是如此嗎？此言差矣！美國的一項研究表明，公民已經準備好把權力賦予那些並非選舉產生的專家或企業家。極具影響的《隱形民主》（*Stealth Democracy*）一書這樣寫道：「人民更願意把權力賦予一個不想要權力的人，而不是一個渴望權力的人。」大多數公民希望民主像隱形戰鬥機一樣隱形而高效。「在他們看來，功成名就的企業家、獨立的專家儘管不見得具備同理心，卻很有才幹，可以勝任管理國家的工作，又對權力無動於衷。於大部分人而言，這樣足矣，比起現在議會中的代表，他們至少已經有過之而無不及了。」[28]

專家治國論的話語部分借鑒了一九九〇年代的「後政治」思想。那時人們宣導「第三條道路」、「新中間路線」和共同執政，認為意識形態上的分歧已是明日黃花。鬥爭了幾十年後，左派和右派又手牽手大步向前了。人們說，解決辦法還是有的，只要將其付諸實踐就行；重點是要實行「良好的治理」。意識形態之爭讓位於ＴＩＮＡ原則，也就是「別無選擇」（there is no alternative）。自此，專家治國論的基石就算奠定了。

希臘、義大利等國的專家治國風向最為引人注目。這些國家近年來不經由選舉就確定了領導人。例如，二〇一一年十月十一日至二〇一二年五月十七日，盧卡斯・帕帕季莫斯（Loukas Papadimos）補任希臘總理；二〇一一年十月十六日至二〇一二年十二月二十一日，馬里奧・蒙蒂（Mario Montif）擔任義大利總理。在危急時刻，公民看中的是他們在經濟、金融領域的專業能力（前一位是銀行家，後一位是經濟學教授）。

其他機構也施行了專家治國這一策略，不過沒這麼醒目。近些年來，國會的相當一部分權力已轉移到了歐洲中央銀行、歐洲委員會、世界銀行、國際貨幣基金組織等跨國機構。它們也並非經由民主選舉而來，因而體現了決策過程中更為廣泛的專家治國現象，即銀行家、經濟學家、貨幣分析師已涉足權力槓杆。

專家治國論的推行範圍並不止於國際組織。每個現代民族國家都在一定程度上推行專家治國論，它們撤銷了民主空間中的一些權力，然後將其賦予其他機構，例如中央銀行和憲法法院的權力都大大擴張了。看起來當局認為明智的做法是，使政府中的一些重要工作（如貨幣監管、憲法改革）脫離政黨政治的魔爪，從而使贏得選舉的可能性無法計算。

專家治國不好嗎？毋庸置疑，這一制度會帶來漂亮的結果：中國的經濟奇蹟就是最好的佐證。像馬里奧・蒙蒂那樣的國家領導人無疑是公共事務的優秀管理者，西爾維奧・貝魯斯柯尼永遠無法望其項背。然而效率並不會自動產生合法性，一旦政府縮減開支，民眾對技術專家的信任就會如同積雪見了太陽，漸漸消失殆盡。在二〇一三年二月的總統大選中，馬里奧・蒙蒂的支持率僅為十％。中國對於人民對統治政府的不滿則自有一套壓制封鎖措施。

避諱專家治國沒有任何意義，因為國家在起步之初總會經歷專家治國的階段。一九五八年戴高樂的法蘭西第五共和國是這樣，二〇〇八年的科索沃亦是如此，因為一個國家在誕生之初，往往面臨民主合法性不足的問題。在革命之後的過渡期，未經選舉的精英人物往往會短暫地掌權。不過國家要儘快組織選舉或全民公投，讓信任之儀錶轉動起來，確立起政權的合法性。專家治國可以在短時間內鞏固政權，但絕非長久之計。民主制不僅是民享的制度，也是民治的制度。

專家的做法與民粹主義者截然不同。他們把效率而非合法性擺在首位，試圖探索出一條治癒「民主疲勞症候群」的道路。他們期望這一策略卓有成效，被治理者對其贊許有加，還期望效率的提高可以立竿見影地解決合法性的問題。當然，這在短時間內可能有用，但政治不僅僅是管理好國家。早晚有一天，專家也會面臨道德上的抉擇，而這時就要與人民商議了。接踵而來的問題是：商議如何才能展開？訴諸議會，這是標準答案。但人們開始質疑議會的神聖性，這就把我們引向了第三個診斷。

❖代議民主制的過錯：直接民主

二〇一一年八月二日，十二個人在紐約的博靈格林公園（Bowling Green Park）圍坐成一圈，[29]這代表美國近年來最令人震驚的事件之一發展到高潮階段。在過去的幾個星期和幾個月裡，民主黨與共和黨在提高國債上限的問題上沒有達成一致意見。[30]民主黨主張向國際貨幣市場多借款，確保國家正常運轉；而共和黨要求歐巴馬總統減少聯邦政府花在最需要醫療照護者身上的開支，大大降低預算，這樣他們才會支持民主黨的做法。共和黨受到茶葉黨行動的激勵，堅決不肯鬆口：「先降低預算，然後我們就會點頭。」然而民主黨認為，相比對赤貧者極其嚴厲地削減支出，對富人少量徵稅更為公平。所以儘管共和黨如此要脅，民主黨仍然不肯讓步。民主黨還質問道，美國的債務加重，是否應歸咎於共和黨在伊拉克不合理的軍事介入？

雙方僵持不下。與此同時，美國政府無力償還債務、支付工資的日子逼近了：根據計算這一天是二〇一一年八月二日。這一局面讓人想起自行車比賽中策略性的「定車」：競賽中的前兩名選手在即將衝到終點時幾乎定住不動並保持平衡。假如雙方都不再前行，那麼後面的隊伍很快就會追趕上來。一場嚴重的經濟倒退將向美國襲來，一輪全球危機也在醞釀之中，因為做為世界第一經濟體的美國一旦出現財政虧空，隨之而來的崩潰將波及全球。態勢緊張至極，甚至專家治國的中國政府都向民主制的美國政府提出請求，希望後者不要太過分：美國理當顧及自己的利益，但不能因此無視自己做為第一大國應該擔負的責任。最後，民主黨不得不做出讓步，共和黨勝出。人們感覺好像在進行二〇一二年總統大選一樣。

坐在博靈格林公園的那十二個人受夠了這一政治局面。這種兩黨之間瘋狂而激烈的競爭幾近影響了全球的經濟，讓各國陷入危機之中。在國會中，公民代表會為公共利益服務嗎？抑或參議院和眾議院都成了兩黨人士的兒童遊樂場，專供他們玩些不計後果的投機遊戲？公園中的參與者之一是住在紐約的希臘藝術家，[31]她不滿足於簡單的抗議，提出要實施一種她在雅典見過的方法：那是一種露天的「大會」，偶然路過之人可加入其中，在集會中發表意見。在這樣一場大會中，兩方都可清楚陳述，且全體成員會爭取達成共識。這種民主方式既直接又平等，相較於代議民主制的纏鬥不休，獲得越來越多支持。在隨後的幾個星期和幾個月裡，聚集在博靈格林公園的人越來越多。「占領華爾街」（Occupy Wall Street）運動由此爆發。

華爾街的情形和「我們是99%」的標語會讓人以為，經濟形勢是民眾抗議的唯一目標。事實上，之所以會發生抗議，最根本的原因是人民對代議民主制普遍不滿。[32]一位參與者是這樣說的：

> 他們在國會上宣稱，共同目標是為美國人民服務，但事實上，政黨只關心權力鬥爭。我們選出來的代表未能反映全部選民的觀點，他們僅僅代

表了兩類人的觀點，分別是代表們所青睞的政黨的成員，以及為選舉提供資金支持的富人菁英，當然後者優先。「99%的人」控訴的核心是：我們的代表沒有代表我們。[33]

二〇一一年秋天，占領者們在祖科蒂公園（Zucotti Park）露宿了幾個星期，他們從開羅解放廣場和馬德里太陽門廣場的示威遊行者那裡獲得了啟發。「大會」每天舉行兩次。這是在議會大廳之外的另一種形式的議會，是一種沒有政黨的政治集會。公民可以在此自由地提出自己的主張並展開討論，而無須透過選舉代表來發出自己的聲音。「大會」是這場運動的關鍵，很快就發展出了一套特有的模式。最驚人的是「人肉麥克風」：由於禁止使用擴音器械，所以一切都靠人聲來傳播，不借助任何科技手段，甚至在聚集了數百來人時也是如此。如果有人發言，他附近的人就重複他的話，聽到的人再重述，直到他的話傳到離他最遠的人耳裡。人們使用一系列的手勢來表達自己的同意或反對，或表示他們希望發言者進一步闡明觀點。這些集會沒有主席，也沒有派系領袖或指定發言人，至多有三、五個辯論主持人，而他們的工作只是讓整個過程有序進行。參與者信奉的是一種水平式的交流。[34]

九月二十三日，該運動的第一份正式文件檔〈團結原則〉（Principles of Solidarity）應運而生。第一項原則直指的不是賭場資本主義、全球化、獎金文化或是銀行危機，而是民主。占領者感到他們的政治權利被剝奪了，所以表列的第一條赫然寫著：「參加直接而透明的參與式民主」。[35]

在其他西方國家，人們也紛紛走上街頭，以爭取更好的民主。在西班牙，「憤怒者」運動（Indignados）發展得聲勢浩大，其標語是「現在就要真正的民主」。在雅典的憲法廣場，成千上萬名希臘人在議院大門前拉開橫幅，高喊要推行真正的民主。抗議者們還在阿姆斯特丹證券交易所、倫敦證券交易所以及法蘭克福歐洲中央銀行門口搭起帳篷。在德國，「憤怒的公民」（Wutbürger）堅決抗議修建斯圖加特新火車站、法蘭克福在夜間起降航班、在慕尼黑機場增建第三條跑道以及使用鐵路運輸核廢料。Wutbürger 一詞被評選為二〇一〇年的年度關鍵字。我是比利時 G1000 公民高峰會的早期成員之一，這一組織為促進更多公民參與政治決策而戰。此外，我們都已經見識過網路上匿名者（Anonymous）和盜版黨（Pirate Party）的興起。

二〇一一年十二月，抗議者們被《時代週刊》評選為年度人物。不久之後，倫敦政治經濟學院就歐洲突然出現的「地下政治」展開了一項大型國際性研究，其成果可謂意義重大：

> 我們研究專案的最大發現是：各種各樣的抗議、活動、運動、動議等有一個共同點，那就是對現行政體極度不滿。「生氣」、「憤怒」、「失望」這些詞語就體現了這種沮喪之情……相比其他歐洲國家，緊縮政策對德國的影響最小……但驚人的是，德國也大量張貼著有關「地下政治」海報，就像其他歐洲國家一樣。這是因為現在的運動不僅是抗議財

政緊縮政策，而是更關乎政治本身。[36]

顯然，許多抗議者認為，之所以出現「民主疲勞症候群」，是因為現行代議民主制的結構和程序都已過時。他們同意專家的看法，認為民主制存在諸多缺陷，但不願採納其建議，以其他政體取而代之，而是一心只想改良它。可具體該怎麼做呢？他們當然不贊同民粹主義者的提議，反對招募新議員就能解決問題的觀點。在他們看來，對病入膏肓的身體進行一次輸血並不能達到治癒的目的。而且，他們並不像民粹主義者那樣對領導者萬般崇拜：對於他們來說，這條路徑太過垂直，且最後會回到代議制的老路上。那麼該何去何從呢？專家的效率對他們毫無吸引力。他們舉行的會議既獨特又周密，由此可以看出，他們更加重視合法性，而不是快速取得成效。

如果仔細分析「占領華爾街」運動和「憤怒者」運動，我們會大為震驚，因為它們的參與者強烈反對議會。他們在紐約高呼：「我們的代表沒有代表我們。」在馬德里，這句話換了一種表述：

大部分西班牙政客並不聆聽我們的心聲。政客應該傾聽我們的聲音，讓公民直接參與政治，從而讓整個社會參與政治生活。而事實恰恰相反，他們只關注經濟強國的專制，並且靠著我們蒸蒸日上。[37]

占領者和憤怒者對形容詞情有獨鍾：新民主、深度民主、深刻民主、水平式民主、直接民主、參與式民主、共識民主。總而言之，他們渴求的是真正的民主。在他們看來，時過境遷，議會和政黨已是明日黃花。他們提出共識，否定衝突，支持協商，反對投票，宣導尊敬地聆聽，抗議誇張地爭吵。他們拒絕擁有領導者，沒有提出具體的訴求，對現有運動中舉起的手臂持懷疑態度，所以當憤怒者走上布魯塞爾街頭時，他們沒有舉起政黨乃至工會的旗幟。在他們眼中，旗幟是屬於議會制的。

在兩次大戰之間的時期，歐洲也如此強烈地反對過議會制，那是離本輪運動最近的一次類似運動。人們普遍認為，第一次世界大戰和一九二〇年代的危機都是十九世紀資產階級民主的產物，因而墨索里尼、希特勒、列寧這三位領導人都猛烈抨擊議會制。這件事往往被今天的我們忽略，但法西斯主義和共產主義的初衷是希望讓民主重新煥發活力：前者認為，若廢除議會，人民及其領導者能更好地達成共識；後者則宣稱，若取消議會，人民就能直接管理國家。然而，法西斯主義轉瞬間淪為極權主義，而共產主義上下求索，努力了好一段時間尋求共同協商的新政府形式。此時不妨重讀塵封已久的列寧。在一九一七年著名的《國家與革命》中，他提出摒棄代議制：「議會專門為了愚弄『老百姓』而從事空談。」他用一句話傳達了馬克思對於選舉的看法，用它描繪紐約和馬德里的情形仍不算過時：「被壓迫者得以每隔幾年決定一次，究竟由壓迫階級中的什麼人在議會裡代表他們，並壓制他們。」為了制定另一套制度，列寧借鑒了一八七一年巴黎公社運動（「共產主義」一詞就生髮於此）的經驗：

在公社用來代替資產階級社會貪污腐敗的議會的那些機構中，發表意見和討論的自由不會流為騙局……代表機構仍然存在，然而議會制這種特殊的制度，這種立法和行政的分工，這種議員們享有的特權地位，在這裡是不存在的。[38]

「占領華爾街」運動的支持者把祖科蒂公園的占領者和巴黎公社相提並論是無傷大雅的錯誤；我們大多數人都會被同情心影響。[39]但是，這場激烈反對議會制的運動對歷史一無所知，且沒有考慮其他可行制度，這不是戰略性失誤，而是全然的有勇無謀。他們真的想要現行制度徹底失敗嗎？如果是這樣，那我們該如何謀劃未來？我們拿什麼保障平等和自由？我們該如何避免犯下災難性的錯誤？構建一種協商模式的任務如此重大，僅僅靠討人喜歡、標新立異是遠遠不夠的。偉大的法國哲學家皮耶・羅桑瓦隆（Pierre Rosanvallon）是研究民主制的大家，他提出了一條警告：「當人們嘗試進一步民主化時，他們可能會南轅北轍，走向極權主義，一同蘇聯的前車之鑑。」[40]

斯洛維尼亞哲學家齊澤克（Slavoj Žižek）與紐約的占領者進行了對話，叫他們不要陷入自我迷戀，但完全無濟於事。美國記者湯瑪斯・法蘭克（Thomas Frank）在一篇文章中言之鑿鑿地說，這場運動狂熱地推崇公民參與和「直接民主」，讓方法本身成了目的：

> 營造一種民主運動文化對於左翼運動而言至關重要，但這只是起點。然而，「占領華爾街」運動從來沒有走得更遠：它沒有領導罷工運動，也

沒有堵住招聘中心的入口，甚至沒有接管一位院長的辦公室。對於占領者而言，水平式文化代表了本次運動的最高階段。就像抗議者們常常說的那樣，「過程就是資訊」。[41]

荷蘭社會學家威廉・辛克爾（Willem Schinkel）補充道：「從某種意義上說，本次運動是在裝模作樣地反抗意識形態。參與者對反抗意識形態的渴望比這場反抗意識形態的運動本身更為突出。」[42]

「占領華爾街」運動只揭示了政體的病灶，並未提出任何有效療法。參與者對代議民主制的診斷甚是準確，提出的治療辦法卻差強人意。對於「大會」的參與者而言，這無疑將是一次動人而愉快的體驗，因為成為一個探討事務的團體中冷靜而成熟的一員是非常令人振奮的。我們對公民美德的培養永遠不夠，在議會和媒體不再能提供好榜樣時更是如此。但不幸的是，對如何把這個過程類推到能真正產生影響的階段，迄今為止沒有人探索過。法國抵抗運動中的外交官、英雄斯特凡・埃塞爾（Stéphane Hessel）著有一本名為《憤怒吧！》的小冊子，就是在這本書的啟發下，運動參與者稱自己為「憤怒者」。埃塞爾強調，只憤怒而不介入是不夠的，真正需要做的是嘗試影響政府：「不是在權力的邊緣，而是在其心臟地帶介入。」[43]

以上我談到了三種醫治民主的方法，每種方法都是危險的：民粹主義會危及少數人，專家治國會損害多數人，而反議會制會妨害自由。

近些年來，歐洲爆發了多場運動，其參與者不滿足於在權力邊緣象徵性地抗議，而是努力尋找「權力的心臟地帶」，我們可以稱他們為「新議員」。例如二〇〇六年誕生於瑞典的盜版黨，後來曾在德國短暫成為第三大黨；[44]荷蘭的 G500 巧妙地成了荷蘭的主要政黨並成功打入荷蘭議會；[45]畢普・格里羅領導的「五星運動」（Five Star Movement）逐漸發展為義大利第三大黨。[46]

這些「新議員」運動有一個引人注目之處，那就是他們希望透過構建新的參與方式來加強代議民主制。盜版黨起初是一個爭取電子權利的平臺，隨後發展為一個希望經由直接民主來豐富民主制的政黨。[47]而G500的五百多位荷蘭年輕人突然成了三大政黨的成員，因而可以影響自己政黨的宣言。後來，G500邀請選民們用「投票破壞器」（Stembrekrer）對選票進行戰略性分組，從而使自己的選票更具份量。G500這樣做的目的在於促進政黨內部以及聯合政府的協商討論。儘管「五星運動」的領導者使用了民粹主義者語彙，但他們的目標是制定新的規則，以提高公民代表的代表性：代表們無犯罪記錄，不能終身任職，任期不得超過兩屆。這些都是為了打開大門，讓更多公民參與政治。

這三個運動還有一個鮮明特徵：它們在早期階段發展迅猛，獲得了新聞媒體的廣泛關注，但公眾和媒體的熱情很快消退，其最初的生機與新意不出數月便煙消雲散。當選為議員並不能增加被新聞媒體報導的機會。儘管你有四年的時間成長為人民的代表，但從當選之日起，你就需要立刻在電臺上得分，最好是能說些好聽的話，對所有過往之事爛熟於心，就好像你一生中從來沒有做過任何別的事情。非職業化是可以接受的，只要不是外行。於是你甚至還沒宣布自己的計畫，就已經報廢了，才能和理想很快就被耗盡。這些運動都沒有否定議會，這點當然值得讚賞，但在今天這個觀感即一切的社會，單單贏得選舉是絕對不夠的。

是的，代議民主制的缺陷導致了「民主疲勞症候群」，但反議會主義、新議會主義都無法扭轉乾坤，因為它們的主張者沒有認真研究過「代表」這一概念。反議會主義乾脆就否定了代議制，新議會主義仍相信代議制；但它們都認定，在官方協商機構中，人民代表與選舉勢必密不可分。接下來我們就深入分析這一假設。

❖選舉代議民主制的過錯：一種新的診斷

近年來，議員們為了加強代議民主制，恢復其昔日榮光，提出了無數提案，其中大多數指出應制定新的章程。例如，公職人員不得將公務與私事混為一談，必須申報財產收入；政黨在獲得政府補助之前，應做到財務透明，遵守更嚴格的要求；所有人都可以查閱政黨檔案；等等。最後，他們提出了新的選舉規章：國家選舉、地方選舉和歐洲選舉應在同一天舉行，這樣可以在選舉後有一個相對平靜的時期，還能重新劃分選區、重新思考計票方法以及擴大選民名單。他們還提出以下質疑：父母就不能代表他們的孩子投票，以表明自己的偏好嗎？公民就不能同時投票給多個政黨，以降低淪為「黨主政治」（particracy）的風險嗎？除了投票給個人外，難道就不能投票給某種政治主張（全民公投）嗎？

上述所有提案都是非常有用的，有些甚至是必需的。但即使它們全都得到了充分的貫徹實施，仍不可能徹底解決問題，因為「民主疲勞症候群」的病根並不在於代議民主制，而是它的一種特殊變體——選舉代議民主制，即一種透過選舉產生公民代表的民主制度。接下來我將進一步闡明何為選舉代議民主制。

幾乎所有人都把「選舉」等同於「民主」。我們深信，選出公民代表的唯一途徑是投票箱。一九四八年頒布的〈世界人權宣言〉（Universal Declaration of Human Rights）指出：「人民的意志是政府權力的基礎；這一意志應以定期和真正的選舉予以表現，而選舉應依據普遍和平等的投票權，並以不記名投票或相當的自由投票程序進行。」「應……予以表現」表明了我們看待民主的方式：在談論民主時，我們談論的就是選舉。但是，這樣一份綱領性的文件——人類歷史上最通用的法律文件——如此明確地指出人民的意志應以何種方式表達，這難道不耐人尋味嗎？一份規定人的基本權利的簡明文本（總共不到兩千字）竟關注其中一項人權的具體實現，就好比關於公共衛生的立法中包含一份食譜，這難道不顯得奇怪嗎？這讓人們覺得一九四八年〈世界人權宣言〉的起草者們將實現權利的具體方法本身看做一項基本權利，就好像民主程序本身就是神聖的。

由此看來，「民主疲勞症候群」的根本病因在於我們全都成了「選舉基本教義派」。我們瞧不起當選者，卻又將選舉奉若神明。而所謂的「選舉原教旨主義」，就是堅定不移地相信：沒有選舉，就沒有民主；當談論民主時，選舉是必要且基本的前提條件。「選舉基本教義派」並不把選舉看作一種參與民主的方法，而是將其當作目的，認為它是一種擁有不可分割的內在價值的神聖教義。

在國際外交舞臺上，人們盲目地認為投票箱是人民主權的根基，而且對此深信不疑。[48] 當西方的捐贈國希望剛果、伊拉克、阿富汗、東帝汶等飽受衝突蹂躪的國家成為民主制國家時，其言下之意是，他們必須舉行選舉，最好是效仿西方：有投票廳、選票和投票箱，有政黨、競選運動和聯合政府，還有候選人名單、投票站和密封蠟。總而言之，他們應一成不變地照搬我們的模式，隨後他們就能獲得資助。村民會議、傳統調解手段以及古律等當地民主和初始民主制度不再擁有一席之地。這些制度或許也有助於實現和平的協商討論，但如果他們不採用我們試驗過的「食譜」，我們就會停止資助他們——就像西醫出現後，傳統醫學就靠邊站了。

根據西方捐贈國的介紹，民主類似於一種包裝簡易、隨時可以發貨的現成出口商品。它是一套「自由和公平選舉」的宜家傢俱，收件人可以參考隨貨發出的使用說明書自己動手安裝。

但如果組裝完後傢俱無法正常使用，比如令人感到不舒適或是散架了，那該怎麼辦呢？這是客戶自己的問題，與天南海北的製造商無關。

在政權尚不穩定的國家，選舉會助長暴力、種族矛盾、犯罪、腐敗等，但這似乎無關緊要。選舉未必能促進民主，甚至有可能限制或摧毀民主，但人們為了方便起見，也往往對這一點視而不見。我們堅稱，不管選舉有多大的連帶損害，全世界所有國家的人民都該走向投票站。「選舉基本教義派」就是新一輪的全球性福音運動，選舉是這種新宗教的聖事，是其必不可少的儀式，在這一儀式中，形式比內容更加重要。

這種對選舉的執念相當古怪：人們從大約三千年前就開始試驗民主，而透過選舉來實現民主不過是最近兩百年的做法，我們卻認為選舉是唯一有效的方式。這是為什麼呢？當然，習慣使然是一個原因；但更為根本的原因是，在過去的兩個世紀中選舉發揮了很好的作用。雖然出現過一些不好的後果，但選舉總是能讓民主成為現實：人們歷盡艱辛，想要在截然對立的效率和合法性之間達成可靠平衡，而選舉幫助他們實現了這一願景。

然而，我們往往忽略了一點：孕育選舉的背景完全不同於今日各國的國情。「選舉基本教義派」缺乏歷史知識，聲稱他們自己的教義無論如何都是適用的。他們不太瞭解民主制的歷史，不會追本溯源，以為選舉就是正統。

事實上，我們非常有必要回顧歷史。

當美國和法國革命的支持者提出選舉是一種瞭解「民意」的工具之時，政黨、規定普選權的法律、商業性的大眾傳媒等通通尚未問世，更不必說社交媒體了。選舉代議民主制的構建者完全沒有料想到它們的出現。圖1反映了最近兩百多年來政治格局的巨大變化。

曾經，歐洲只有臣民，沒有公民。從中世紀一直到較為先進的十八世紀——在此我們僅做概述——權力一直掌握在統治者手中（荷蘭共和國、佛羅倫斯共和國以及威尼斯共和國不在我們的考察範圍之內，因為它們都是個例）。在宮殿、堡壘或城堡內，統治者在幾名貴族或顧問的協助下就國家事務做出決策。隨後，一名信使在城市廣場上向有意瞭解的臣民宣布這些決策。統治者和臣民間的溝通是單向的，從封建時代到專制時代這一點一直未曾改變。

然而近幾個世紀以來，「公共領域」——借用德國社會學家哈伯馬斯（Jürgen Habermas）的理論和術語——得以出現。臣民反對那種自上而下的方式，聚集在公共場所討論國家事務。在十八世紀這個屬於開明專制的世紀，公共場所的數量飛速增長，哈伯瑪斯曾介紹過一些供人們討論公共事務的場所是如何發展起來的。人們在中歐的咖啡館、德國的餐桌（Tischgemeinschaften）、法國的餐館、英國的酒吧討論時事。隨著咖啡館、劇院、歌劇院等新場所的產生，並尤其得益於這一時期的獨特發明——報紙，公共領域最終得以形成。萌芽於文藝復興時期的政治意識開始蓬勃發展，「公民」由此誕生。

至一七七六年美國革命、一七八九年法國大革命，這一進程達到巔峰：揭竿而起的公民徹底鬆動了英法王權的枷鎖，並指出人民而非統治者是至高無上的。為了使人民發聲（或者至少使資產階級發聲，因為選舉權仍局限於相當小的群體），選舉這一正式程序出現，而它在此之前主要用於推選教

圖 1：各時期的選舉：西方選舉時代議民主制的主要階段

一八〇〇年之前

從封建時代到專制時代，掌權的是貴族階級。統治者掌握權力，其權威由神意授予。統治者受到貴族階級（騎士、朝臣）的支持，他有頒布法律的權利。公共領域尚不存在。

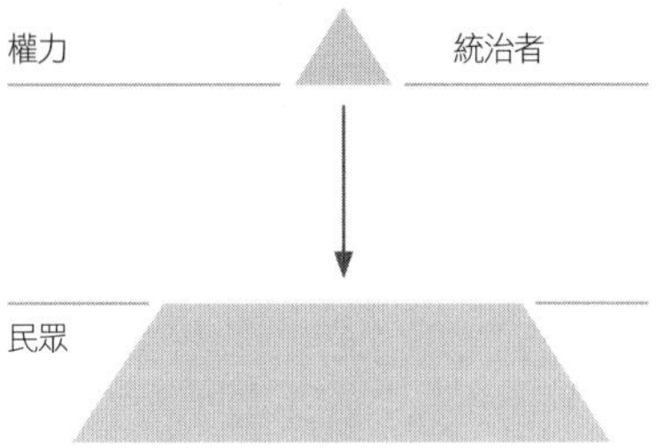

一八〇〇年

美國革命和法國大革命限制了貴族的權力，創建了選舉，讓人民擁有了主權。威權不再來自上層，而是來自下層。但選舉權仍僅限於上層階級。公共辯論主要在報紙上展開。

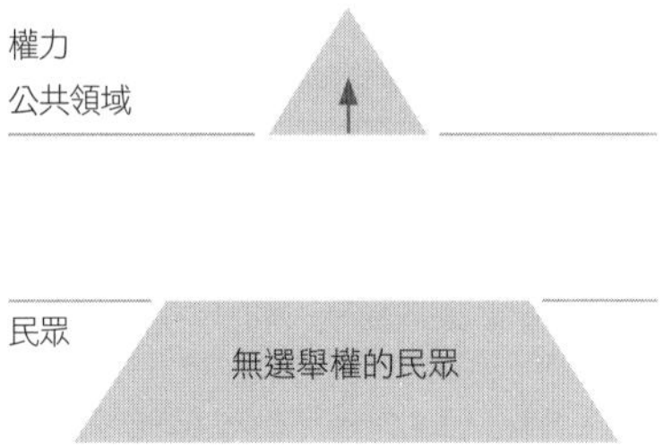

一八七〇—一九二〇年

兩個重大轉變在各個地方發生：政黨的誕生以及普選權的創建。選舉成為各利益集團之間的戰爭，它們都想要代表盡可能多的人口。

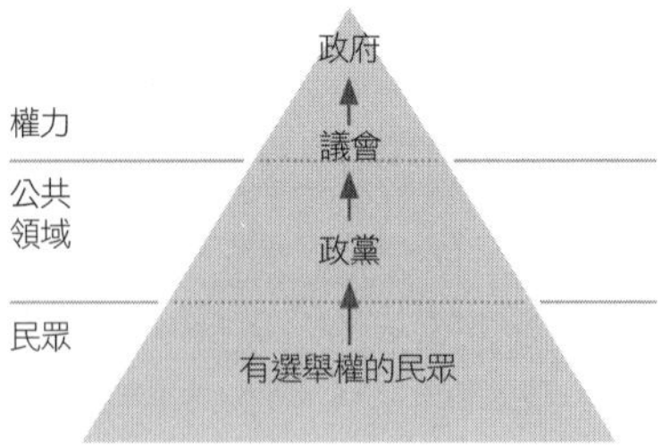

一九二〇—一九四〇年

兩次世界大戰的經濟危機讓代議民主制度陷入極度緊張的態勢。各地的保險絲都被燒斷。人民嘗試了新的政治模式，其中意義最為重大的當屬法西斯主義和共產主義。

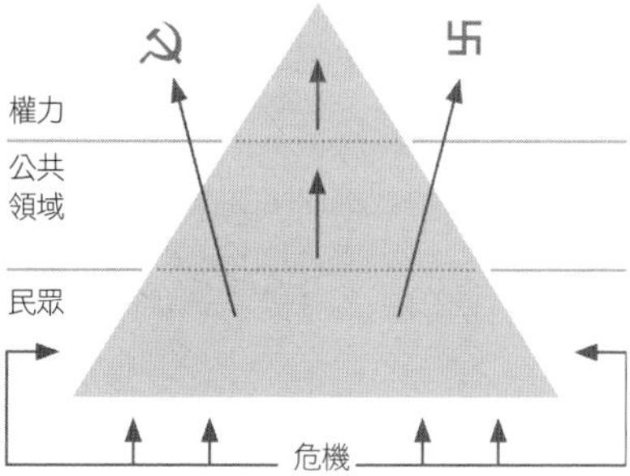

一九五〇年

代議民主制奇蹟般地死而復生。權力掌握在大政黨手中。這些政黨通過一些中間組織（工會、行會、學校網絡和這些組織自己組成的媒介網絡）同公民保持緊密聯繫。選民對他們的政黨非常忠誠，其選舉行為是可預測的。大眾傳媒（廣播電臺和電視媒體）屬於國家。

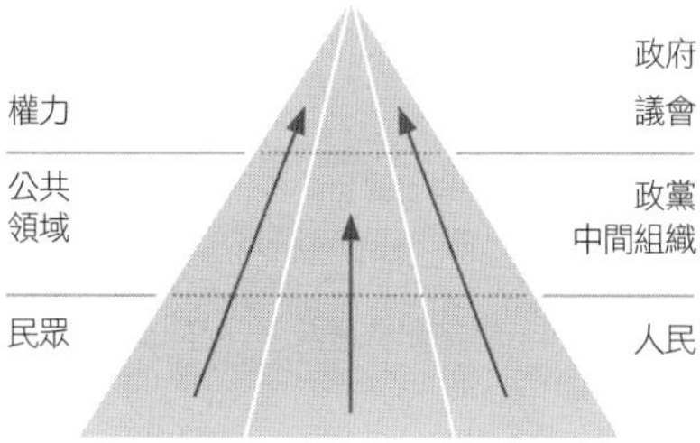

一九八〇—二〇〇〇年

發生兩大決定性的轉變：有組織的市民社會崩潰，商業媒體掌權。選舉制度因而變得很不穩定。隨著公共領域充斥著個體成員（甚至公共媒體也開始遵循市場邏輯），選民對同一個政黨不再始終支持。政黨不再處於市民社會的中心，而是國家機器的邊緣。選舉轉變成為獲得猶豫不決的選民支持的媒體大戰。

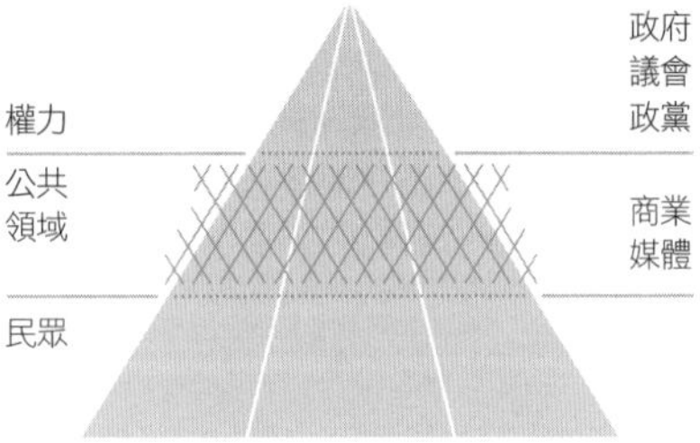

二〇〇〇—二〇二〇年

社交媒體和經濟危機加重了代議民主制的危機。新科技讓個體擁有了話語權，但它也給競選運動造成更大的壓力；競選運動不停歇地進行著。政府的工作面臨著選舉狂熱；公職人員一直需要讓自己引人注目。二〇〇八年以來，經濟與金融危機更是火上澆油。民粹主義、技術專家治國論以及反代議制一時間甚囂塵上。

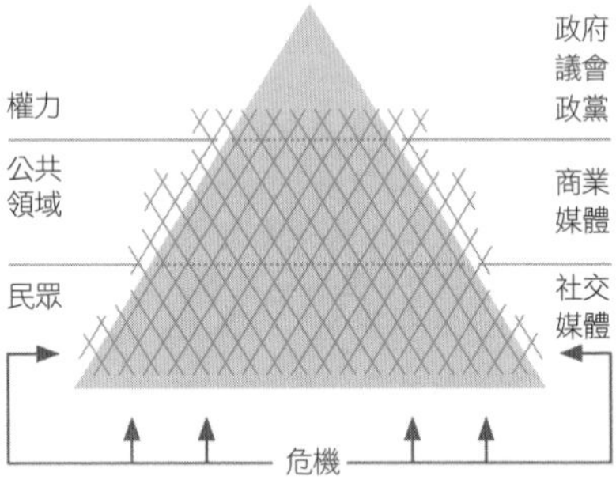

皇。[49]在由目標相同之人（如紅衣主教）組成的團體中，投票是一種達成一致的手段，政治領域的投票則用於推動那些圈子裡公認的有德之人達成共識。因此，做為二十一世紀初的公民，我們需要借助一下想像力：曾經有一個時期，舉行選舉不是為了產生爭論，而是為了促成共識！最為傑出的公共空間，即個人可以完全自由地為所有人說話的地方，被稱為「議會」。艾德蒙・伯克（Edmund Burke）說：「議會不是由利益不同或者敵對的大使組成的國會，也不是一個代理或者提倡者為了維護各自的利益去抵制另一方的建議之地。議會是一個國家的協商會議，只為一個利益，即所有人的利益。」[50]甚至盧梭（伯克對他的很多看法都不以為然）也持相同觀點：「在大會裡人們越是能和衷共濟，也就是說人們的意見越是趨於全體一致，則公意也就越占主導地位；反之，冗長的爭論、意見分歧和吵鬧不休，也就宣告個別利益占了上風和國家的衰微。」[51]代議制是十八世紀末期的資產階級對專制的舊制度的一種回應。這是一種間接代議民主制。有選舉權的「人民」

（這裡指的是資產階級精英）選舉代表，隨後代表們在議會中促進公共事務的發展。選舉、人民代表以及新聞出版自由三者齊頭並進。

在接下來的兩個世紀中，這一十八世紀的手段經歷了五次結構性轉變：政黨的誕生、普選的推行、有組織的公民社會的發展、商業媒體對公共領域的控制以及社交媒體的出現。不言而喻的是，外部經濟也產生了極大影響：在發生經濟危機時（兩次世界大戰之間的時期和現在），人民對民主的熱忱顯著消退；在經濟繁榮時期，人民則會對民主狂熱至極。

政黨出現於一八五〇年以後。在實行民主制的初期，城裡人和鄉下人、有錢財的富人和有地產的富人、自由主義者和天主教徒、聯邦黨人和反聯邦黨人之間就存在一些斷層。直至十九世紀末，這些團體才發展成定義明確的正式組織。但它們最多是成員極少、有掌權雄心的政黨，還稱不上大眾政黨。不久後，局面發生了改變。政黨儘管沒有出現在大多數憲法中，但很快成為政治舞臺上的主角。例如，社會黨成為普選權的最大宣導者。它對普選的推行（一九一七年在比利時和荷蘭，一九一六年在英國，雖然都只提出了男性的普選權）代表了選舉制度的一次結構性轉變：選舉成為各利益集團爭奪選民支持的戰爭。選舉的初衷是促進共識的達成，但它現在變成了候選人展開激烈鬥爭的舞臺。黨派之爭由此拉開序幕。

第一次世界大戰後，人民對選舉式民主的熱忱顯著冷卻，一九二〇年代和一九三〇年代的經濟危機讓民眾的支持進一步分崩離析。在這一背景下，極權主義的反議會制在整個歐洲廣受歡迎。但人們沒有料想到，在一九四〇—一九四五年摧毀世界的戰火之後，民主能再次煥發勃勃生機，而一九五〇年代和一九六〇年代的蓬勃發展讓很多西方人再次接受了議會制。

第二次世界大戰後，數量眾多的大眾政黨占據主導地位並掌控了政府。這些大眾政黨透過由工會、行會、醫療服務機構，甚至是學校網路和組織自己組成的媒介網路，成功走進了公民的個人生活。這個有組織的公民社會在很大程度上把持著公共領域。政府當然擁有最大、最新的大眾傳媒（電臺和電視媒體），但各政黨能經由一些領導要職、播放時段以及自己的廣播電視機構來參與其中。這產生了一個相當穩定的政治局面，其特徵是人民對黨派非常忠誠，投票行為都在意料之中。

一九八〇年代和一九九〇年代，這一平衡局面因新自由主義思想重塑公共領域而打破。自由市場經濟取代公民社會，成為幾乎所有的公共生活領域，尤其是新聞媒體的主要構建者。政黨報紙退出舞臺，抑或被媒體公司收購；商業廣播公司應運而生；甚至公共電視傳媒也開始接受市場思維。新聞媒體經歷了一次真正的爆炸。電視臺、廣播電臺和報紙的受眾人數具有重大意義：這一資料相當於公眾輿論的股票價格指數。商業性的大眾傳媒成為社會共識的重要創造者，而與此同時，有組織的公民社會日漸衰落，因為工會和醫療服務機構開始市場化，或是因為政府更喜歡直接與民眾對話，不再需要社會夥伴的媒介。結果在意料之中：公民成為消費者；參加投票變成了一場冒險活動。政黨做為民眾與政府之間的媒介變得越來越不重要，尤其在政黨主要由政府提供資金的地方（往往是為了控制貪腐風險）；它們越來越被國家邊緣化。為了保住地位，政黨不得不每隔幾年就求助於選民，以提高自己的合法性。所以，選舉成了一場爭奪選民支持的戰爭。它激起了民眾的熱情，讓他們忘記了自己對一切與政治有關的事情日益強烈的憤怒。美國理論家麥可・哈特（Michael Hardt）幾年前就曾指出：「選舉變成了商業秀，任何人都會對這類活動產生懷疑。」[52]「選舉不過是一場醜人的選美大賽」，網路上流傳著這樣一條諷刺的評論。

二〇〇四年，英國社會學家柯林・克勞奇（Colin Crouch）提出「後民主」（post-democracy）一詞，用以描述這個被大眾傳媒操控的新秩序：

> 儘管在這一模式中選舉確確實實存在且能改變政體，但公共選舉辯論已經成為一種受到嚴格控制的景觀。操控這一景觀的團隊都是由專業人士組成的，他們互相敵對，在說服藝術上的造詣已是爐火純青。在這一景

觀中，這些團體預先就選好了主題，辯論者只會就數量有限的主題展開探討。而大部分的公民只能是被動、順從甚至冷漠的；他們唯一要做的就是對收到的信號做出反應。在這場選舉遊戲的幕後，政治其實是由人民選舉出來的官員與代表極大商業利益的精英間的往來決定的。[53]

貝魯斯柯尼治下的義大利無疑最符合後民主制國家的定義，還有其他國家也在向後民主制邁進。自二十世紀末以來，公民的處境與十九世紀的前人越來越像。隨著公民社會式微，國家和個體之間的鴻溝再度出現。溝通二者的組織已不復存在，現在誰會去統合多種多樣的民眾偏好呢？誰會將底層群眾的抱怨之語變為國家的政策提案呢？誰會將人民的混亂聲音條分縷析為精練的觀點呢？有人批評「個人主義」，就好像集體的四分五裂該歸罪於公民，而根本的問題在於人民又變成了群眾，唱詩班發出的不過是雜音。

變化不止於此。繼政黨的誕生、普選的推行、有組織的公民社會的發展、商業媒體對公共領域的控制之後，二十一世紀初還出現了社會媒體（即社交媒體）。「社會」一詞頗具欺騙性：臉書、推特、Instagram、Flickr、Tumblr、Pinterest，與美國有線電視新聞網、福斯新聞、歐洲新聞電視臺並沒有太大不同，它們也是商業媒介；區別僅在於這些網站不想用戶看和聽，而只想讓他們寫和分享。它們的主要目的是讓使用者盡可能長時間地停留在網站頁面，因為這對廣告商有利。這解釋了為何用戶會對「朋友」或「粉絲」感興趣，沉迷於「按讚」或「轉發」，並持續不斷地傳播別人正在做的事情、那些應該認識的人或「熱門話題」。

社會或社交媒體雖然也是商業媒體，但有著獨特的活力。二〇〇〇年時人們能聽廣播、看電視或者上網，從而以分鐘為單位跟進「政治大戲」；而在今天，人們每秒鐘都能對它做出反應，還可以動員他人。如此一來，即時的報導就能獲得即時的回饋，雜音因此變得更多。但這並未讓公共人物，尤其是當選的政客獲得任何便利。他們可以立馬看到自己的提案是否廣受歡迎，但所謂的受歡迎，其實就是這些人可以鼓動多少人。新技術給予了人民發聲的機會（讓穆巴拉克 [Mubarak] 和班・阿里 [Ben Ali] 加入對話），但這種政治參與只會讓選舉制度面臨更大的分崩離析的風險。

此外，商業媒體和社交媒體也會相互促進。它們你來我往地就對方的新聞進行批評，從而創造了一個互相詆毀、中傷的氛圍。嚴峻的競爭、廣告收入的減少以及銷售量的下降，促使商業媒體用越發激烈的語言報導被日益誇大的矛盾，其編輯部卻變得越來越小、越來越年輕、越來越廉價。對於電視臺和廣播電臺而言，國家政治成了一部日播肥皂劇，或一齣由無須酬勞的演員上演的廣播劇；儘管編輯們在一定程度上決定了其框架、劇本和類型，但政治人物努力以各種方式歪曲劇情，其成功程度不一而足。最受歡迎的政客就是那些能改寫劇本、改變辯論之人，即那些讓新聞媒體服從其意願之人。這齣廣播劇也有一些即興創作的空間，也就是所謂的「時事」。

紙媒與政黨的關係更為密切。報紙正在失去讀者，政黨也正在喪失成員：民主制的老演員們在二十一世紀初就如同失事船隻上的遇難者，他們大喊著，互相緊拽著，沒有意識到這樣做只會讓對方陷入更大的危險。由於受制於開本和發行量，還要顧及股東和必不可少的狂熱，新聞遠沒有想像中的那般自由。

商業媒體、社交媒體和政黨的集體歇斯底里，使得人民對選舉的狂熱經久不消，並對民主的運轉造成了嚴重後果。由於種種對選舉的計算，民主無法實現高效化；由於政客需要不斷脫穎而出，民主的合法性無法得到保障；而選舉制度每次都使得長遠的共同利益讓位於短期的政黨利益。創造選舉制度的初衷是實現民主，但從這些後果看，選舉似乎是民主的絆腳石。

二〇〇八年的金融危機，以及隨之而來的經濟和貨幣危機無異於火上澆油，彷彿註定要讓選舉制度獲得安寧的希望一次破滅。民粹主義、專家治國論和反議會主義相繼出現，儘管其顯眼程度不及一九三〇年代，但與一九二〇年代的相似度越來越驚人。

倘若美國的開國元勳和法國大革命的英雄知道選舉在二百五十年後會在此種情形下實施，他們一定會提出另一種模式。假設我們現在必須提出一套能表達人民意願的制度。讓公民每四年或每五年投票一次——他們手持選票，走進黑暗的投票站，他們選擇的不是政治主張，而是一張名單上的名字，這些名字數月以來被唯利是圖的商業媒體無休無止地大肆報導——真的是個好主意嗎？我們還敢稱那個奇怪的古老儀式為「一場民主的盛宴」嗎？

我們把民主簡化為代議民主制，又把代議民主制化約為選舉，而這一寶貴的制度如今深陷困境。自美國革命和法國大革命以來，首次出現了一個驚人的變化，那就是下一次選舉比上一次選舉更為重要。選舉只產生了非常短暫的任期。我們的船槳越來越短。民主變得脆弱不堪，落入二戰以來的谷底。如果我們不嚴加警惕，民主制就會逐漸變為選舉獨裁制。

這個轉變其實並不令人驚訝。十八世紀末的馬車、熱氣球、鼻煙盒等發明物，在二十一世紀初還有多少仍在為人所用呢？所以我們得出了如下討好的結論：選舉在今天看來就是一種原始工具，若是把寶都押在選舉上，民主制只有死路一條。這就好比我們認為空中旅行就僅意味著熱氣球，卻無視高壓電纜、私人飛機、新的氣候變化、龍捲風和太空站。

新的平臺創造了新的世界，現在的關鍵問題是：誰能掌控舞臺？在發明印刷術之前，僅有修道院院長、親王和國王等幾百人有權決定抄寫文本的範圍，而印刷術的出現讓成千上萬人突然獲得了這種權力。舊秩序就此崩潰，古騰堡發明的活字印刷術促使西方從中世紀過渡到文藝復興時期。今天可以說社交媒體就像讓所有人都擁有了一臺印刷機；這樣的表達仍不夠淋漓盡致，我該說每個人都擁有一個寫字房。公民不再是讀者，而是主編，這引起了一場深刻的力量轉移：寥寥數位心有不滿的消費者的行動，甚至能將赫赫有名的大公司擊垮。[54] 顯然，一旦民眾透過社交媒體組織起來，原來不可撼動的獨裁者就會失去對民眾的支配權。政黨再也不能將選民們聚集起來，而是因為他們而變得支離破碎，因為隨著公民擁有越來越多的發言權，那種傳統的父權式代議模式已不再奏效。代議民主制本質上是一種垂直式的民主，但二十一世紀是一個日益水平化的時代。荷蘭的轉型管理理論教授簡・羅特曼斯（Jan Rotmans）最近指出：「我們從集權變成分權，從垂直變為水平，從自上而下變成自下而上。我們花了足足一百餘年的時間建立那個集權的、自上而下的、垂直的社會，而那種思維方式現在被徹底顛覆了。我們要摒棄的東西很多，要學習的東西也很多，其中最大的障礙就在我們自己的腦中。」[55]

對於我們的政體，選舉就是化石燃料：儘管它曾給民主帶來過巨大的推動力，就像石油有力地推動了經濟一樣，但現在它造成了嚴重的問題。如果我們不抓緊反思燃料的性質，民主將面臨巨大的威脅。在經濟不景氣、媒體大行其道、文化迅速變化的今天，一味地將選舉奉若神明無異於故意埋葬民主。

我們是如何走到這一步的？

第三章 致病機轉

❖民主制的程序：抽籤（古代和文藝復興時期）

維爾丹（Verdin）教授是我認識的最有激情的大師之一。在讀大學的早些年間，我上了他開設的史學方法論（一門雖然枯燥但必修的課）和希臘史課程。在每個星期的課上，他用和藹的聲音向我們講解米諾斯文化、斯巴達政體、雅典海上霸權的建立、亞歷山大大帝的征戰。他屬於老派的大學教授。幻燈片不屬於他的風格，那時ＰＰＴ尚未問世。他用他的書寫來吸引我們，而且時間長達兩個小時。他白髮蒼蒼，總是打著領帶，戴的眼鏡鏡片很厚。他博學、雄辯、慈祥。上他的課是在一九八九年秋天，那時我剛剛開始學習考古。

一個星期一的上午，在課堂即將開始的時候，一位同學洋洋自得地向大家展示他手心裡的幾顆碎石。在前一個週末，他去柏林參加了一個慶典。那時離柏林圍牆倒塌不過數日。這位未來的考古學家非常興奮，他做出的反應就是搜集幾塊混凝土的碎片。

維爾丹——他沒有名只有姓——為我們講解了西元前五世紀的雅典制度、伯利克里時代、希臘城邦、民主的誕生。我們將要學習民主德國即將延續的那個光榮傳統的細節。

然而，教授那天講的世界，與我們透過即時電視節目看到的世界可謂千差萬別。我至今仍留著那時做的課堂筆記。「目標：政治平等」，我讀著自己過去的筆跡，接著是，「但政治平等只是對極少數的公民而言，並非所有人」。我還記得在聽到這些話時我有點失落。在寒冷的空氣裡，整個柏林都在歡欣鼓舞地高喊著：「我們就是人民。」然而如果這些穿派克大衣的群眾活在古雅典，他們中能參與城邦事務者寥寥無幾。維爾丹的影印講義提到：「在使用『民主化』這一術語時，我們絕不能忽視政治的一個重要特點，即公民權利的排他性。」女人、外邦人、未成年人和奴隸，他們通通沒有發言權。

然而，還有更奇怪的。維爾丹告訴我們，城邦的三個主要政治機構分別是公民大會（Ekklesia）、五百人議事會（Boule）、陪審法庭（Heliaia）。所有公民都可以參與其中，但有三個方面「我們不能低估了其重要性」，他一臉嚴肅地對我們說。

「第一，雅典公民是直接參與政治的。現在的民主制卻迥然不同，人民代表更多是專家，普通公民只有機會擔任刑事案件的陪審員。第二，古雅典的很多重要決定是由多數人一起做出的。公民大會包括成千上萬的公民；陪審法庭的成員有六千名，有些陪審團人數高達是數百位公民。在這方面，我們現在難以望其項背，雖然我們也是民主制，但它帶有一定的寡頭制色彩。」

「寡頭制色彩」，這是典型的維爾丹式論斷。最奇怪的還在後頭。「第三，古雅典的所有官員，包括法官，都是抽籤挑選的，只有極少公職不抽籤。」這讓我警覺起來。那時我剛滿十八歲，也就是到了選舉的法定年齡。不久之後，我就可以生平頭一遭為我最信任的人物和政黨投上一票。理論上，雅典的平等思想很吸引人，可我真的想要現在維爾丹講述的這種摸彩式民主嗎？更重要的是，那些民主德國的人民，他們正在走上街頭，爭取選舉的自由，難道他們想要的就是這樣一種民主嗎？

維爾丹很確定地補充道，抽籤也有好處。「抽籤可以排除人為的影響。羅馬沒有抽籤，所以到處都是腐敗的醜聞。此外，雅典官職的任期是一年，官員一般不會連任。這樣的規定是為了盡可能地讓公民輪流擔任各個級別的職務。雅典制度希望盡可能多的公民可以參與城邦生活，每個人都有參與政治的均等機會。所以，抽籤挑選和輪番而治就是雅典民主制的核心。」

對於雅典民主，我時而滿懷熱忱，時而心有疑慮。一個不透過選舉而靠抽籤產生的政府團隊，我應該予以信任嗎？國家怎麼可能正常運轉呢？如何避免政府團隊的不專業呢？

「雅典的制度與其說是教條式的，不如說是實用主義的，」維爾丹進一步指出，「它並非源自某種理論，而是以經驗為基礎。例如，軍事和經濟領袖的職務不是通過抽籤來決定的。這兩位官員是選舉出來的，而且輪番而治也並非強制性的。如此一來，能力強的人可以多次中選。所以，伯利克里可以連續十四年當選首席將軍。在古雅典的制度中，安全原則是第一位的，其次才是平等原則。不過雅典人只對極少數的官職使用安全原則」。

離開階梯教室時，我更加沮喪，但也加深了對民主制的理解。追本溯源，民主制度神話般的起源不過是一種程序鬆散的古代制度。在那個遙遠的時代，人們腳穿涼鞋，肩披呢絨，整天在市集廣場的沙地上商議如何修建一座神廟或是鑿一口水井，所以抽籤挑選和輪番而治的確非常適合那些小城邦。但在動盪的當代世界，能夠借鑒他們的做法嗎？柏林圍牆的那些碎石頭，在我們不安的手心裡持續發燙。

最近，我在自己保存的檔案中，找到了維爾丹教授的課堂筆記——現在我知道他的名字叫赫爾曼（Herman）。如果說我們的「民主疲勞症候群」確實是由選舉代議民主制引起的，如果說我們的制度之所以陷入危機，是因為我們將民主制簡化為選舉這一特定程序，如果說選舉往往限制了民主而非襄助其實現，那麼回顧一下以前的人如何回應對民主的追求，應該會有所助益。

這興趣並非我一人獨有。近年來，學術界越來越熱衷於研究民主制的歷史。[56] 法國政治學家伯納德・馬南（Bernard Manin）一九九五年以一本《代議制政府的原則》（*The Principles of Representative Government*）開了研究之先河。這本書的第一句話就是一顆重磅炸彈：「當代的民主制度源自一種政府組織形式，而這種組織形式的奠基者意在用它來與民主制分庭抗禮。」馬南率先對人們推崇選舉的緣起展開了研究。他詳細描繪了在美國革命及法國大革命之後，人們如何逐漸走上了選舉代議制之路。但推崇選舉是為了什麼呢？是為了避免民主的騷亂！「代議制政府在組建之初便有清楚的意識，即選舉出來的代表將是，且應該是，與眾不同的公民，在社會地位上有別於那些選出他們的公民。」所以奠定今日民主制基底的，其實是一種對貴族式的反射思維。結論就是——這個結論意義重大——我們在各國見到的代議制「既有民主制的特點，也有非民主制的特點」。[57]關於這個問題，我在後文還會論述。

繼馬南的傑出研究之後，近年來又出現了一些創新研究。[58]它們的結論是，我們的民主制不過是前兩個世紀的巧合所致。研究者們之所以重新審視近幾個世紀，就是為了指出其他形式的民主制也存在過。

那麼在美國革命和法國大革命之前，世界上存在過哪些制度呢？在古代和文藝復興時期，抽籤在許多地方似乎都扮演著舉足輕重的角色。

我們再來說說古雅典。在西元前五世紀到前四世紀的雅典，最為重要的政府機構實際上是透過抽籤來獲得其公職人員的：五百人議事會、陪審法庭以及幾乎所有的行政長官（見圖２Ａ）。五百人議事會是雅典民主制度的重中之重：它起草議案，安排公民大會，管理財政、公共事務、行政長官，還負責與鄰邦的外交事項。簡而言之，透過抽籤選出的公民握有最重要的權力。此外，在七百名行政官中，有六百名是抽籤選出，剩下的則是選舉出來的。每天早晨，陪審法庭都會抽籤，在六千名候選公民中選出幾百名陪審員。為了抽籤，每個部落都有一個抽籤機，它是一根巨大石柱，上面共有五行插槽，每位陪審員候選人都要將寫有自己名字的牌子插入其中。抽籤的具體流程是：石柱旁有一密封的直立圓筒，從中搖出的色球則會對應抽籤機上的名牌位置。被抽籤指定的人就要擔任公職。這是一種以獲准執行司法為獎品的賭博，這種輪盤賭就是為了公平地分配權力。

抽籤可以決定三種權力：立法權、行政權和司法權（見圖2B）。五百人議事會制定新法律，再由公民大會投票；陪審法庭檢驗新法的合法性，行政官則負責其執行。五百人議事會握有行政權，公民大會則握有司法權。

古雅典民主制有一個鮮明的特點，那就是任期很短：公民陪審員的任期

圖 2A：西元前五世紀和前四世紀古雅典民主制中的主要機構

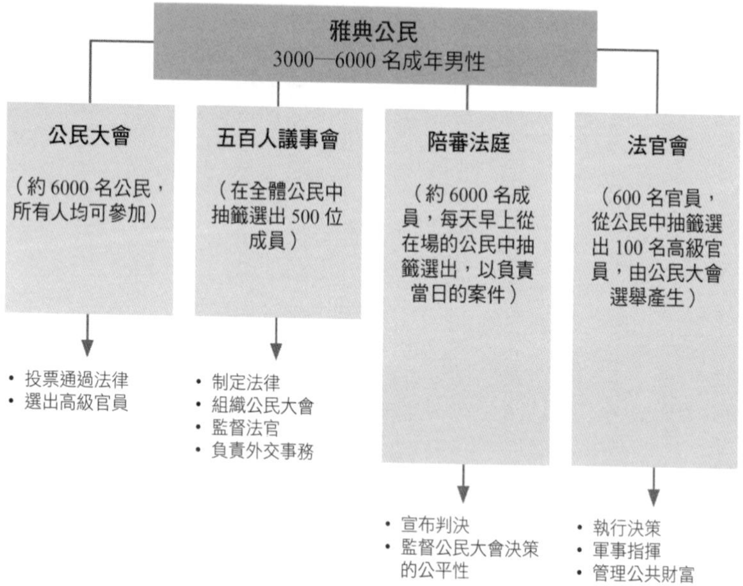

圖 2B：古雅典主要民主機構的立法權、行政權和司法權分配

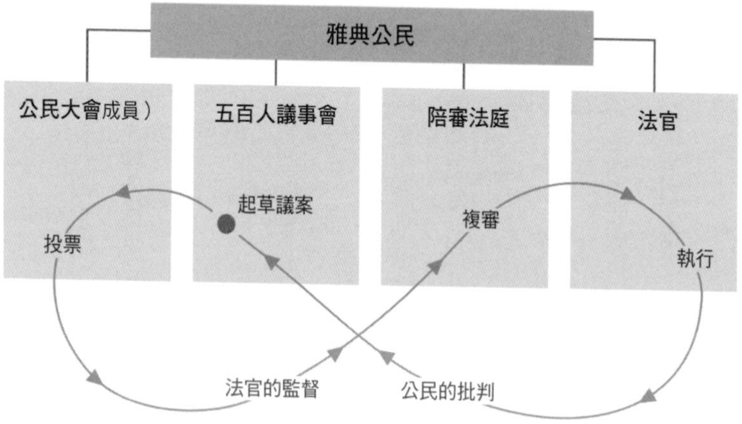

僅為一天，議員或行政的任期僅為一年（是有工資的）。一個人只能擔任議員兩次，而且不能連任。所有自認能勝任公差的公民都可以躋身候選人之列，這有助於實現極高的參與度：在三十歲以上的公民中，五〇％－七〇％的人都至少當過一次議員。

雅典民主在鼎盛時期能夠依靠抽籤這樣一個奇特的原則運轉，今天的我們對此不禁大感震驚；但對於當時的人而言，抽籤毫無出奇之處，實在是再自然不過。例如，亞里斯多德毫不拐彎抹角地斷言：「以行政長官任命為例，用抽籤的方法產生就是民主，用選舉的方法產生就是寡頭政治。」雖然亞里斯多德本人支持的是一種混合政體，但他還是毫不含糊地指出了抽籤和選舉之間的不同之處，在他看來，抽籤是民主的，選舉則不盡然。這一觀點在他的著作中也可以找到。比如說，他評論斯巴達說，政府的組建「包含一定的寡頭成分，例如，所有行政長官都是經選舉產生的，而不是抽籤」。在他看來，抽籤更為民主。因此，雅典民主的一個特徵是，同一個人可以既是政客又是公民，既是管理者又是被管理者，既是統治者又是臣民。我們認為「職業政客」這樣的角色再正常不過了，但在普通的雅典人看來，它十分危險、荒唐至極。亞里斯多德還提到了一種關於自由的很有意思的觀點：「民主制的基本原則，就是自由……自由的一個標誌就是，公民可以輪番充當管理者和被管理者。」[59] 這是二十五個世紀前的古老思想，但它仍能提供一些令人難以置信的借鑑。自由不是自己一直占有權力，也不是不需要尊重權力，更不是被動地服從於權力。自由是自治和忠誠之間的平衡，是管理和被管理之間的平衡。在維爾丹教授發出警告的二十五年後，也就是「民主政治之寡頭化趨勢」更為橫行的現在，我們似乎完全忘記了這一深刻見解。

雅典民主時常被定義為「直接」民主。維爾丹跟我們說道，雅典每個月都會舉行大型公民大會，成千上萬的公民可以直接參與其中。在西元前四世紀，公民大會幾乎是每週召開。但核心工作是透過其他更具體的機構實現的：五百人議事會、陪審法庭以及行政長官。在這些機構中，並非所有人都能表達自己的觀點，只有隨機抽選出的一小部分人可以。對抽籤選出的這些團體做出的決定，雅典人民並沒有直接參與。因此，我完全贊同最近一項研究的結論：雅典的民主其實並不是「直接」民主，而是另一種獨特形式的代議民主，一種非選舉的代議民主。[60] 我甚至還要更進一步：因為人民的代表是抽籤選出的，所以雅典民主制度是一種帶有偶然性的代議民主制。這是一種間接的政府形式，在這一制度中，區分管理者和被管理者的方式是抽籤而非選舉。在西歐政治史上，這類政體一般的更多。

在羅馬共和國時期，雅典的抽籤制仍有留存；但到羅馬帝國時期，抽籤制被徹底遺棄了。直到中世紀義大利北部城市崛起，它才朽木逢春，重獲生機。這最初發生在波隆納（一二四五年）、維琴察（一二六四年）、諾瓦拉（一二八七年）、比薩（一三〇七年），不過在文藝復興的兩大重鎮威尼斯（一二六八年）和佛羅倫斯（一三二八年），這個現象有著最為完善的文字記載（見圖3）。

圖 3：古代和文藝復興時期作為政治工具的抽籤

	雅典 Klèrotèrion （前 462 年—前 322 年）	威尼斯共和國 Ballotta （1268—1797 年）	佛羅倫斯共和國 Imborsazione （1328—1530 年）	阿拉貢王國 Insaculación （1350—1715 年）
目的	• 促進政治平等 • 讓盡可能多的人參與公共生活	• 在任命高級官員的過程中避免貴族家庭間的矛盾	• 避免競爭對手間的矛盾	• 促進穩定 • 避免集權
抽選範圍	30000—60000 市民（相當於 12 萬—30 萬人中的 10%—24%）	600—1600 名委員會成員（相當於 10 萬—13.5 萬人中的 0.6%—1.2%）	7000—8000 市民（相當於 9 萬人中的 7%—8%）	（各城市）市民人口的 1%—16%
抽籤	確定政府的主要機構： • 五百人議事會（500 人） • 陪審法庭（6000 人） • 法官（600 人）	確定國家領導人： • 組成選舉委員會以選出總督	確定主要的政府機構： • 市政議會 • 立法機構 • 市民委員會	確定： • 選舉委員會（參考威尼斯共和國） • 地方官員（參考佛羅倫斯共和國） • 議會成員

方法	• 自願 • 抽籤 • 任命	• 大議會 • 抽籤與選舉的十次交替使用 • 用抽籤球抽籤	• 行會或家庭的提名 • 增選 • 抽籤 • 投票選出	• 提名 • 增選 • 抽籤
輪換	一年（最多可擔任兩次）		快速輪換，只能擔任一次	快速輪換，任期為一年
選舉	選出最高職位的官員： • 10 位首席將軍 • 90 名高級官員	選舉和抽籤並用來選出總督	增補：自上而下的選舉	增補：自上而下的選舉
其他	• 米利都和科斯 • 古雅典（前 322 年—前 31 年） • 羅馬共和國	帕爾馬、伊夫雷亞、布雷西亞、波隆納	奧爾維耶托、西思納、皮斯托亞、佩魯賈、盧卡，甚至明斯特和法蘭克福	薩拉戈薩、赫羅納、塔拉戈納、韋斯卡、塞爾韋拉、休達德亞、馬略卡島、列伊達、伊瓜拉達、拉曼查、穆爾西亞、埃斯特雷馬杜拉

威尼斯和佛羅倫斯都採用抽籤，但兩地的做法完全不同。威尼斯人在好幾個世紀中都用抽籤指定國家領導人——總督。威尼斯共和國並不是民主制國家，而是由強大的貴族家族統治的寡頭制國家：政府掌控在幾百到幾千名不等的貴族手中，他們僅占全國人口的一％。貴族中四分之一到三分之一的人幾乎擔任了全部官職。一旦做了總督，就終身都是。不過與君主制有所區別的是，總督並非世襲。為了避免相關家族之間的衝突，在選定新一任總督時，人們會求助於抽籤這一程序，但是，為了確保領導人具備相應能力，總督是透過抽籤搭配選舉的方式產生的。結果就是，選定新總督的步驟複雜得令人難以想像，會持續五天，經歷十個階段。先從大議會（Consiglio Grande）開始，大議會的成員是五百名貴族（從十四世紀開始，人數不斷增長）。他們每個人都有一個木製的小球，稱作抽籤球（ballotta），上面寫有自己的名字，並把球投入第一個甕裡。首先，最年輕的議員離開大議會廳，前往聖馬可大教堂，並和遇到的第一位年齡在八至十歲的小男孩說話。隨後，這名小男孩會被允許加入選舉會的議員團，並受委託抽取抽籤球。無知的孩童之手首先抽出三十人，再在其中抽出九人。這九個人組成第一個選舉團，他們要透過多數表決制將選舉團擴至四十人，這其實是一種自行增補新成員的方式。四十名成員又透過抽籤自行減至十二名，這十二人再次投票，讓選舉團增至二十五人。這一運作會持續一段時間：選舉團每次都透過抽籤減小規模，再透過投票壯大，隨機抽選和選舉交替使用。在第九輪，也就是倒數第二輪中，選舉團有四十一名成員。他們將參與秘密選舉，最終選出總督。

威尼斯的政體看起來複雜得幾近荒謬，電腦科學家近來對這種選舉領導者的程序饒有興致：它確確實實讓最受歡迎的候選人贏得了選舉，但同時給予了少數人機會，又矯正了部分選舉人被收買的不良影響。此外，透過放大一些小優點，它讓一些折中立場的候選人被推選出來。[61] 這一切都加強了新任領導者的合法性及效率。歷史學家們認為，威尼斯共和國之所以能夠獲得非比尋常的長期穩定（這種穩定持續了五個多世紀，最終被拿破崙終結），巧妙的抽籤制度是部分原因。倘若不採用抽籤，毫無疑問，共和國早就因為寡頭家族間的爭端而陷入混亂了。（我們不禁暗自思忖：我們的政體也會禁不起政黨之間的紛爭？）

有一個值得一提的小小歷史知識，威尼斯共和國的制度僅有名字保留了下來。經由古怪的詞源演變路徑，英語中的「選票」（ballot）一詞直接來自義大利文的 ballotte，也就是那些抽籤球。荷蘭人還在使用 balloteren 這個動詞，意思是為一個團體招募新成員。它在法語中對應的是 ballottage，這個字直到十八世紀都還指抽籤。

佛羅倫斯的抽籤制與之有所不同。在這裡，抽籤被 imborsazione 代替，也就是「放入袋子」或「放入罈子」。不過其用意是一樣的，也是為了避免城邦中競爭團體之間的矛盾，但佛羅倫斯人比威尼斯人更極致。不僅國家首領這一職位，幾乎所有的行政和公共管理任務都以抽籤來分配。如果說威尼斯是貴族家庭的共和國，那麼佛羅倫斯就是由上層資產階級和強有力的行會掌控的共和國。與古雅典一樣，抽籤選出的公民是佛羅倫斯主要政府機構——市政議會、立法機構和市民委員會——的公職人員。市政議會類似於雅典的五百人議事會，是最高行政機構，負責外交事務、行政事務和制定法律條文。但不同於雅典的是，公民不能主動報名參與，而必須透過他們的行會、家族或其他組織提名，之後便成為「被提名人」。再來是挑選過程的第二個階段：由各種身分的人組成的市民委員會透過投票來決定誰可以擔任行政職位。然後才進行抽籤（la tratta）程序，但在此之前會先將一些人除名，例如已經有過一輪任期的人或犯過法的人。所以，這個過程包括四個步驟：提名、選舉、抽籤、除名。和雅典完全一樣，身兼多職是被明令禁止的，且一輪任期只有一年。還有一點也和雅典完全一樣：這個制度確保了相當大部分人民的參與，多達七五％的公民可以得到提名。被提名者不知道自己是否順利通過投票環節，因為名單是保密的。如果一個人沒能成功取得公職——公職的數量數以千計——問題可能在抽籤環節，也可能在投票。

帕爾馬、伊夫雷亞、布雷西亞、波隆納等城市效仿威尼斯的模式被效仿；而在奧爾維耶托、西思納、皮斯托亞、佩魯賈、盧卡等城市，佛羅倫斯的制度則被奉為典範。繁榮且頻繁的商業往來甚至把這種制度帶到了法蘭克福。在伊比利亞半島，阿拉貢王國的一些城市也以這一政體為楷模，如列伊達（一三八六年）、薩拉戈薩（一四四三年）、赫羅納（一四五七年）、巴賽隆納（一四九八年）。抽籤在阿拉貢王國被叫作 insaculación，字面意思是「放入袋子」，衍生自義大利文 imborsazione 的西班牙語翻譯。沿用這個制度的目的是確保公共權力的公平分配、促進城市的穩定。在這一制度下，人們再也不會爭論誰有特權擔任城邦或共同體的官員，誰在選舉團體中占有席位，因為這些問題被完全公平地、乾脆俐落地解決了。未被選中的人可以自我安慰說自己很快就又有機會了，因為就像雅典和佛羅倫斯一樣，透過抽籤來授予的職位只有一年的任期。如此迅速的輪換自然會加大公民的參與度。在西班牙的另一個大王國卡斯提爾王國中，抽籤在穆爾西亞、拉曼查這些地區也存在。在一四九二年卡斯提爾王國重新歸屬阿拉貢王國之後，斐迪南二世宣稱：「根據經驗，使用抽籤的城邦或城市能讓人民擁有更好的生活，更有助於實現健全的治理和制度，而那些以選舉為基礎的政體恰恰相反。」前者更能帶來團結、平等與和平，而且更能避免一時的激情。[62]

藉由快速回顧歷史，我們可以汲取六個教訓：①從古代以來，抽籤作為一種十分有價值的政治工具，一直被諸多國家使用；②使用這一制度的都是規模很小的城市國家（城邦或城市共和國），而且只有人口中的很小一部分能獲得權力；③使用抽籤的國家通常都是在財富、權力和文化方面較為強勢的國家（如西元前四五世紀的雅典、文藝復興時期的威尼斯共和國與佛羅倫斯共和國）；④各國在抽籤時，方式和過程千差萬別，不過抽籤始終能減少公民之間的矛盾，增加公民的政治參與度；⑤沒有哪個國家會只採用抽籤，抽籤總是與選舉並行，因為選舉可以確保候選人的能力；⑥

儘管國內的敵對團體競爭激烈，使用抽籤的國家往往經歷了長達數個世紀的政治穩定。直到二十世紀中葉，聖馬利諾共和國仍在使用抽籤，從六十名議員中選出二名管理者。[63]

在十八世紀，也就是啟蒙時代，一些大哲學家對民主體制很感興趣。現代憲政的奠基人孟德斯鳩一七四八年在《論法的精神》一書中再度提出亞里斯多德兩千年前的分析：「抽籤是民主的，挑選式的選舉則是貴族制的。」孟德斯鳩認為，選舉的精英主義色彩從一開始就顯而易見。他提出：「抽籤是一種不傷害任何人的挑選方法；它讓每一個公民都能為國家效力。」這對公民而言當然是好事；但對國家而言，這也不成問題嗎？抽籤有一種明顯的風險，即會讓一些能力不足之人掌權，而這需要透過挑選、自薦或自我評估來加以修正。孟德斯鳩對雅典的民主大加讚賞，因為官員必須證明自己的行為是合理的，亦即同時符合抽籤和選舉的要素。[64]只有將抽籤和選舉相結合才能避免走極端：純粹的抽籤可能會造成能力不足，經過單純的選舉則可能導致無能為力。

在狄德羅和達朗貝爾於一七五〇年代編纂的聞名遐邇的《百科全書》中，我們可以找到類似的觀點。書中的「貴族」條目下，作者寫道，抽籤並不適用於貴族制（「選舉權不能經過抽籤賦予，抽籤只會造成諸多不便」），最好是組建一個元老院：「我們可以說，元老院裡都是貴族，民主是針對整個貴族階層的，而人民是微不足道的。」但他們又明確指出，貴族對人民是負有責任的。《百科全書》中論述「民主」的條目在很大程度上重拾了孟德斯鳩的論點。

幾年後，盧梭進一步發展了這一思想。他也發現了混合政體的誘人之處，尤其是在分配官職一事上。一七六二年盧梭在《社會契約論》中寫道：「當選舉與抽籤兩者並用的時候，凡是需要專門才能的地方，例如軍事職務，就應該由選舉來任用；而抽籤則適用於只需要有健全的理智、公正與廉潔就夠了的地方，例如司法職務。」盧梭描述的正是古雅典的制度，在幾個世紀裡，雅典為了分配公職而採用了這種二者並行的方法。抽籤與推選相結合產生了另一種制度，它既有很高的合法性，又非常高效。其實，在任何一個社會中都不是每個人都具備才能，但這並不意味著我們就該放棄抽籤。「如果我們考慮到，選舉行政首長是政府的而非主權的職責，應就不難理解為何以抽籤方式選出更接近民主制的本質。」他寫道。「在一切真正的民主制之下，行政職位並不是便宜，而是沉重的責任；無法公平地把它加諸於這一個人，而不是另一個人。唯有法律才能把這個責任加諸於中簽的人。」[65]

至此，結論也就一清二楚了：儘管《論法的精神》和《社會契約論》的作者有很大差別，但這兩本十八世紀的政治哲學巨著都指出，抽籤比推選更民主，且將兩種方式結合起來能對社會產生更為積極的影響。這兩種程序一個取決於偶然，一個依靠選舉，可以相互促進、相得益彰。

❖貴族制的程序：選舉（十八世紀）

然後發生了一件怪異之事，伯納德・馬南對此的描述令人激賞：

然而，在《論法的精神》和《社會契約論》出版大約一代人的時間之後，通過抽籤選出擔任公職者的制度徹底退出了歷史舞臺。在美國革命和法國大革命期間，人們從來沒有提及抽籤。此外，美國的開國元勳們莊嚴地宣稱，他們希望公民能夠人人平等，並就是否應擴大選舉權展開了辯論。但與此同時，不管在大西洋東岸還是西岸，國家領導人都毫不遲疑地決，要採用長久以來被認為屬於貴族制的選拔方式。[66]

怎麼會這樣？在一個始終推崇理性和哲學的世紀，何以會把當時最有影響力的哲學家的觀點束之高閣，這是如何做到的？這種貴族制選舉是如何獲得一面倒的勝利？用現在的話來說，抽籤竟然「從雷達顯示器上消失得無影無蹤」，這又是如何發生的？

長期以來，歷史學家和政治學家都面臨著困惑。這是因為在實踐中遇到的困難嗎？當然，規模的差異是顯而易見的：古代的雅典只是一個面積幾千平方公尺的城市，而法國以及大西洋對岸獨立的北美十三州都幅員遼闊，所以抽籤對它們而言完全不可同日而語。時空上的距離意味著完全換了一片天地。這一點是無可否認的。

在十八世紀末，國家的人口登記和統計制度還不夠發達，所以不能進行真正的抽籤。一個國家的確切人口都還無法得知，就更不用說在人口中抽出代表性樣本了。此外，那時對於古雅典的民主制度也還沒有形成詳細且深入的瞭解。一個世紀以後，也就是一八九一年，第一項透徹的研究——詹姆斯・威克利夫・黑德勒姆（James Wycliffe Headlam）的《雅典的抽籤選拔制》（*Election by Lot at Athens*）才問世。在此之前，人們對古雅典民主制的瞭解仍不成體系，僅有一些專著對其略有提及，例如牧師湯瑪斯・蓋特克（Thomas Gataker）著於一六二七年的《論抽籤的本質和使用：一項歷史學和神學研究》（*Of the Nature and Use of Lots: A Treatise Historical and Theological*）。

然而，實踐上的困難並非唯一理由。雅典人也沒有一套完美的人口管理策略，佛羅倫斯人對先前的希臘人也沒有什麼具體的瞭解，但這並不妨礙他們大量地使用抽籤。在美國和法國革命者的著作中，讓人驚訝的並不是他們不能實施抽籤，而是他們不想使用，而且理由還不僅僅是操作上的困難。他們甚至從來不曾嘗試做出一星半點的努力。沒有人抱怨無法使用抽籤制。抽籤或許是無法實現的，但更關鍵的是，他們認為抽籤絕非人心所向。這與他們對民主制的構想有關。

孟德斯鳩將政體分為三種：君主制、獨裁制以及共和制。在君主制中，根據已有律法，權力（最高權力）掌握在一個人手中；在獨裁制中也是一人掌權，但是沒有已制定好的法律，使專斷可達極致；在共和制中，權力是屬於人民的。針對最後這種政體，孟德斯鳩做了一個極其重要的區分：「共和國的全體人民握有最高權力時，就是民主政治。共和國的一部分人民握有最高權力時，就是貴族政治。」[67]

上層資產階級一七七六年從英國國王、一七八九年從法國國王手中掙脫出來，他們顯然是渴望共和制政府。但是，他們嚮往的是這類政府的民主制變體嗎？如果相信他們的陳詞濫調，那麼答案就是肯定的。革命者口口聲聲的「人民」，再三聲明人民是至高無上的，民族一詞應該大寫，「我們就是人民」為一切的出發點；但最終他們所說的「人民」是精英分子。新近獨立的北美諸州被稱作「共和國」，而不是「民主共和國」。連約翰·亞當斯（John Adams）這位偉大的獨立運動戰士、美國的第二任總統，都在民主制這個問題上舉棋不定，這從他的如下警告中就可以看出：「請記住，沒有哪種民主制會萬古長青。民主制很快就會衰弱不堪、精疲力竭，然後死去。從來沒有不會自取滅亡的民主。」[68] 美國憲法之父詹姆斯・麥迪森（James Madison）在民主制度中看到了「一種充斥著動亂和爭論的景象」，這種景象一般會「由於暴亡而夭折」。[69]

在法國大革命期間，很少有人知道「民主」一詞，而且它往往帶有消極含義。它指的是，如果窮人掌權，就肯定會出現暴動。第一屆法國國民議會（Assemblée Nationale）的成員、優秀革命者安端・巴納夫（Antoine Barnave）稱「民主」為「最可恨的、最具顛覆性的制度，對於人民而言，它是最具危害性的制度」。[70] 一七八九—一七九一年，法國制憲議會針對投票權進行了多場辯論，其間「民主」這個術語不曾出現一次。[71]

加拿大政治學家法蘭西斯・迪普伊—德里（Francis Dupuis-Déri）研究了「民主」一詞的使用，並指出法國和美國革命的奠基者們明顯避而遠之。他們中的大部分人認為，民主就等同於混亂、極端主義，因此盡可能避免與之扯上關係。但是，這不是個簡單的詞語選擇問題，而是民主制中的真實情況讓他們心有戚戚焉。他們中有很多人是法學家、大地主、工業家、船主，在美國還有種植園主、奴隸主。在貴族制巔峰期的英國或法國的宮廷中，他們往往都有行政和政治職位，且與他們反對的那個制度有著親緣關係。[72]「因此，這些精英人物努力削弱國王或貴族制的合法性，卻在同一場運動中強調，人民不具備進行自我管理的政治能力。他們宣揚國家是至高無上的，而他們作為精英想為國家謀取福祉。」[73]

在這樣的背景之下，「共和」一詞似乎比「民主」更為合適，選舉變得比抽籤更為重要。法國和美國的革命領導者都對抽籤無動於衷，因為在他們眼中，民主制實在是乏善可陳。一個人從祖先那裡繼承了一輛漂亮的四輪馬車後，並不急於讓孫子驅使它。

我們再回到孟德斯鳩的分類。毫無疑問，美國和法國革命的愛國領導者們是共和派，但絕不是民主派。他們不想要人民來駕駛這輛權力的四輪馬車，而是寧願自己拉著韁繩，因為這樣可以更大程度地避免翻車。美國的精英如果放棄權力，就會遭受重大損失：精英們享有很大的經濟優先權。在法國也是一樣，但法國還有一個至關重要的方面。和美國不同的是，法國這片土地上原本就有一種制度，而現在要建立一個新的社會取而代之。正因如此，新一代精英分子最好能與先前的貴族地主達成妥協。換句話說，在革命者們接手的這輛馬車上，還坐著相當數量的老貴族，如果精英們想要換一個方向前行，至少需要考慮考慮老乘客提出的路線，如若不然，老乘客們可能會製造麻煩。

無論如何，在英法兩國，共和與革命領導人腦中構想並要創立的共和國，應該是貴族性質，而不是民主性質的。選舉可以幫助他們實現這一願景。

這樣的結論如今看起來也許像是異端邪說。現代民主誕生於一七七六年和一七八九年革命，我們不是經常聽到別人這樣說嗎？然而，經過一番精確分析，我們看到了一段截然不同的歷史。[74]

約翰・亞當斯在他著名的《關於政府的思考》（*Thoughts on Government*）中寫道，從一七七六年起，也就是自美國獨立開始，美國因幅員太廣、人口太多，而無法進行直接管理。他說得很對。雅典及佛羅倫斯共和國的模式若原封不動搬到美國，絕對不會奏效。但約翰・亞當斯接下來的論述讓人頗為意外。他解釋道，關鍵在於「將多數人的權力賦予少數最優秀、最具智慧的人」。儘管並非全體人民都能擁有言論自由，但一小撮傑出人物可以代勞。亞當斯的觀點略顯天真，其中的烏托邦色彩一覽無遺，他希望一個由道德高尚的人組成的議會可以站在社會中其他人的角度「思考、感受、推理、行動」：「這些代表是全部人口的精確縮影。」我們試想一下，紐約的銀行家和波士頓的法學家參加議會時，會對麻塞諸塞村莊的麵包師以及紐澤西船員的需求和痛苦感同身受嗎？

十年後，美國憲法的奠基者詹姆斯・麥迪森發展了亞當斯的觀點。一七七七年的《邦聯條例》（*Articles of Confederation*）將被一部完整的美利堅聯邦憲法取代，這部憲法的初版起草者正是麥迪森，他絞盡腦汁，想要當時的十三個邦聯獨立州批准這一草案。詹姆斯・麥迪森和兩個同僚為了說服紐約州，在紐約的報紙上發表了〈聯邦黨人文集〉（Federalist Papers）一系列八十五篇文章。他在一篇發表於一七八八年二月的文章中寫道：

> 每部政治憲法的目的都首先在於或首先應該在於，為統治者獲得擁有最高智慧去辨別或最高美德去追求社會公益的人；其次，要採取最有效的預防措施，以確保他們保持高尚品格……依靠選舉來獲得統治者，是共和制的獨有特徵。[75]

麥迪森表明自己偏愛「擁有最高智慧去辨別或最高美德去追求社會公益的人」，這意味著他完全贊同約翰・亞當斯的觀點。然而，他的想法與平均分配政治機會的雅典模式相去甚遠。如果說希臘人認為最好的局面是治理者和被治理者之間沒有區別，那麼在麥迪森看來則完全相反，二者應該有所區別。亞里斯多德在這種時而為治理者時而為被治理者的制度中看到了自由的跡象，但美國憲法的制定者認為擁有最高智慧和最高美德者就該抓緊韁繩。[76]

一種由最優秀者擔任執政者的制度難道不正是希臘文中的「貴族制」（aristokratia）嗎？美國獨立之父湯瑪斯・傑佛遜始終認為，存在一類「建立在德行和才能基礎上的自然貴族制」，最好的政體應「盡可能有效地將自然貴族列為政府官員」。[77]

詹姆斯・麥迪森進一步說，然而，這個原則並不會帶來「一種所謂的寡頭制」，因為這裡的最優秀者是透過選舉獲得權力的。他說，因為依靠的是選舉，所以由他們擔任官員既是有效的也是合法的。他如此解釋道：

> 誰將是聯邦眾議員的選舉人呢？無論貧富，無論有無學問，無論出身高貴還是卑微，都是選舉人。選舉人應該是美利堅合眾國的絕大部分人民。

女人、印第安人、黑人、窮人、奴隸，都不屬於「絕大部分人民」，但麥迪森對此隻字不提。他自己就是維吉尼亞的大種植園主，蓄養著一批奴隸，不過那時沒人指出這些。當然，早在古希臘，就只有數量有限的精英階層才能獲得政治權力。不過麥迪森提出的選舉代議制有一個前提，那就是治理者和被治理者在名望上是有差距的，而在使用抽籤時治理者和被治理者並無不同。這一點至關重要。他甚至清晰無誤地寫道：

> 誰是人民推選的對象？所有因功績而贏得了國家的尊重和信任的公民都是……由於他們因深受其他公民喜愛而獲得名望，我們因而可以認為，

一般而言，他們也會由於擁有某些品德而獲得名望。

因此，他們應該是出類拔萃、光芒四射的，是受人尊重、被人信任的，是卓越不凡、與眾不同的，所以能夠管理人民。代議制有投票這個環節，所以它或許稱得上是民主的，但鑒於其增加公職人員的方式，它從一開始也具有貴族性質：儘管任何人都有權投票，但甄選方式有利於精英階層。

所以從那時候起，也就是從一七八八年二月十九日詹姆斯・麥迪森在《紐約郵報》上發表〈聯邦黨人文集〉的第五十七篇文章起，一切就已經開始了。這也標誌著一種結束，因為古雅典民主制提供的模式——政治機會的均等——最終被摒棄了。從此以後，能幹的治理者和無能的被治理者之間有了一條清晰的界線。這更像是專家治國而不是民主制的開端。

法國的法律也見證了革命的「貴族化」。一旦民眾起義導致社會動盪，新興的資產階級精英就會在短時間內予以鎮壓，因為他們想要「恢復秩序」，換句話說就是要捍衛自身利益，實現對國家的管理。在美國，這樣的轉變發生在一七七六年《獨立宣言》發表和一七八九年《美國憲法》（麥迪森就是其宣導者）獲批之間；在法國，它發生在一七八九年革命和一七九一年憲法通過之間。底層群眾發起的反抗（包括占領巴士底獄，這次反抗發展到了令人難以想像的規模）在幾年後導致了憲法的制定，但人民的作用被壓縮至只剩投票權，而且只有六分之一的法國人才享有這種權利。

一七八九年法國大革命最重要的文件《人權宣言》宣稱：「法律是公意的表達。每一個公民皆有權親自或由其代表去參與法律的制定。」但在一七九一年的憲法中，個人參與蕩然無存；「一切權力只能來自國民，國民只能透過代表行使其權力。法國的憲政是代議制」。在短短兩年多內，立法權的擁有者從人民變成了人民代表，換言之，參與制變成了代議制。

修道院院長西哀士（Sieyès）的態度尤其令人吃驚。他是弗雷瑞斯的天主教神父，其顛覆性的小冊子《何謂第三等級？》（*Qu'est-ce que le Tiers-État?*）點燃了革命的火種。西哀士認為，前兩種等級，即貴族和教士，相比第三等級的一般平民，握有過多權力。他為平民辯護，聲稱他們應該擁有更多的參與權，還大聲疾呼應該完全廢除貴族的特權。他的作品被廣泛閱讀（僅在一七八九年一月，他的小冊子就賣了三萬多冊）。他為沮喪的人民發聲，被視為重要的革命理論家。儘管如此，他仍相信法國不是民主制國家，也不應該是民主制國家。他寫道：「我再三強調，在一個非民主制國家（而且法國不應該成為民主制國家），人民只能透過其代表來發言或行動。」[78]

一種「政治廣場恐懼症」產生了，也就是對大街上的人們的畏懼——甚至革命者也有這種恐懼。[79] 一旦有了議會，人民就該閉上嘴巴。從此以後，抽籤被嚴格限於特定的公共生活領域：在某些司法案件中，人民陪審團的組成由抽籤決定。

革命的「貴族化」肯定讓艾德蒙・伯克心花怒放。這位英國哲學家、政治家最害怕的，莫過於人民掌握太多權力。一七九〇年他出版了《法國大革命反思錄》（*Reflections on the Revolution in France*），在書中雄辯滔滔寫道，治理者就該是佼佼者，但佼佼者的標準不是血統、姓氏或頭銜——他也考慮到時代已經變了——而是德行與才智。他補充道：

> 於任何人而言，理髮師或蠟燭商販這樣的職業都毫無體面可言，更別說其他更為卑微的職業。這類人不該遭受政府的壓迫，但如果讓民眾（不管是個人還是集體）來管理國家，政府又會受到壓制，這一點是無可否認的……民眾應該享有獲得任何官職的機會，但並非對所有人都一樣。任何輪番而治，任何抽籤指派，任何形式的招募官員（不管是透過抽籤還是輪流），都不可能產生能夠管理重大事務的政府。

古雅典模式就此窮途末路！這是我從十八世紀末的寫作者中讀到對抽籤最直言不諱的譴責。艾德蒙・伯克反對民主，反對盧梭，反對革命，當然也反對抽籤。他大肆頌揚精英人物的能力：「我必須要說，出身低微卻想要在仕途上拾級而上，肯定不可能如探囊取物一般……要想進入榮譽的殿堂，就必須成為人中龍鳳。」[80]

艾德蒙・伯克的這些話並非沒有產生迴響。在「恐怖統治」那些年之後的法國新憲法討論會（一七九五年）上，負責草擬律法的會議主席布瓦西・丹格拉（Boissy d'Anglas）宣稱：

我們應該被最優秀者管理，最優秀者是受到良好教育的人，是一心一意維護法律的人。然而，這類人幾乎無一例外都是有產者。他們對他們的財產所在國懷有深厚的感情，對保護他們的法律與和平感恩戴德……由有產者治理的國家秩序井然，由無產者掌管的國家則處於原始狀態。[81]

革命和美國革命一樣，沒有終結貴族制，沒有以民主制取而代之；實際上，它將世襲貴族制推下了歷史舞臺，代之以——借用盧梭的表述——一種「選舉式貴族制」。羅伯斯比爾（Robespierre）甚至稱之為「代議貴族制」！[82]他們將君主和貴族趕下臺，又巧舌如簧地用「民族」、「人民」、「最高權力」等詞語撫慰民眾。隨後，新興的上層資產階級掌權了。他們的合法性不再源於上帝、土地或出身，而是貴族制的一種遺存：選舉。因此，針對如何分配極為有限的選舉權，即哪些人應該享有選舉權，人們展開了無休無止的討論：為了獲得選舉權，人民需要繳納越來越高昂的稅費。根據一七九一年憲法，僅有六分之一的法國人被允許參與第一輪議會選舉。熱忱的革命者馬拉（Marat）譴責了這種人民起義的「貴族化」，並為被剝奪選舉權的約一千八百萬法國人民積極奔走。他說：「如果我們在消滅了以貴族為核心的貴族制後，卻開始了以富人為中心的貴族制，那麼我們得到了什麼？」

❖選舉的民主化：虛假的過程（十九世紀和二十世紀）

我們先來回顧一下。在第二章中我總結道，選舉做為一種民主工具已經失效，但我們現在清楚地看到，選舉其實從未被視作一種民主工具。所以，病況變得更為嚴重了！此外，最為常見的民主工具抽籤已為代議制的構思者們所摒棄，只在一個領域還能見到：司法案件中的陪審員。我們這些人，這些選舉的「基本教義派」，幾十年來死抱著投票不放，就好像它是民主的聖杯一樣。但我們現在認識到，我們錯付了熱情，它不是聖杯，而是帶毒的刀具，是一種專門用於反民主的工具。

為何我們會不辨真假、不明是非如此之久？我們應該前往第三階段，從而戳穿「選舉基本教義派」。我在第一階段展示了在古代和文藝復興時期抽籤民主制的情況，在第二階段廓清了十八世紀末的新興精英階層如何摒棄傳統改用選舉代議制。現在，我該來研究一下改頭換面後的貴族制如何在十九世紀、二十世紀甚至近期作為民主制的一部分獲得了合法性——最近，這種制度可以說是四面楚歌。換句話說，反思革命的貴族化還不夠，我們現在還需要審視選舉的民主化。

我們先來看看術語的變化。以選舉——享有這一權利的公民數量非常有限——為基礎的共和制越來越被認為是「民主的」。觀察家早在一八〇一年就發現「盧梭五十年前所說的那種選舉式貴族制，就是我們現在的代議民主制」。[83]二者其實是一碼事，但這一點現在已被忘得精光：我們都不知道，或者說幾乎都不知道現在的民主制源於貴族制。

十九世紀初，偉大的托克維爾（Alexis de Tocqueville）旅居美國九個月，並考察了其新型的政治制度，他毫不猶豫地將論述美國的著作命名為《論美國的民主》。在開篇第一行他就解釋了這一點：「在美國逗留期間，那些吸引我的新鮮事物中最令我感興趣的就是身分平等。」在托克維爾看來，在其他任何地方，人民主權學說都沒有如此受到高度重視。托克維爾在整個十九世紀都有著非同凡響的影響力，所以這部著作使得「民主」深入人心，並用以形容共和國的選舉代議制。

儘管如此，這並不意味著托克維爾毫無保留地贊成選舉制。作為政治觀察家，他可謂眼光犀利。托克維爾出身於一個舊貴族家庭，親眼見證了幾位高權重的貴族死在斷頭臺上，所以他完全有可能徹底否定新制度。然而，對於美國的新型政體，他有著極大的熱情，並敞開心胸接納。和眾多貴族不同，托克維爾明白，美國和法國的革命並非歷史進程中簡單的偶然事件，而是更為宏大的變革的一部分，這場變革將持續數個世紀，給人類帶來更大程度的平等。人與人之間會越來越平等，這是大勢所趨。因此，他有意與舊世界分道揚鑣：他拒絕了貴族頭銜，放棄了宗教信仰，迎娶了一個平民。一八三〇年代步入政壇時，他面對法國的不民主，面對法國公民幾乎不可能參政的現狀，感到痛心疾首。

寓居美國讓托克維爾成了一位熱情高漲的民主主義者，但他並沒有因此不去批判這種新制度的具體程序。不管在美國還是在法國，選舉都已經戰勝了抽籤——僅有極為狹小的領域仍採用抽籤，即為一些司法案件組建陪審團時。

他對兩種選拔制度分別抱持何種態度呢？有一段精妙的文字非常值得在此引用，儘管它有些冗長。早在一八三〇年托克維爾就寫下了以下這段論述選舉制度的文字，真是不可思議。

一臨近選舉，行政權的首腦只考慮行將開始的鬥爭。他不再前進，他不會提出任何新的企劃，而只會懶洋洋地處理那些也許將由另一個人來結束的工作……而在全國，人們的目光都集中於一點：瞪眼看著行將開始的分娩的陣痛……仍可把美國選舉總統的時期看作全國的緊急時期……在指定的選舉日到來之前的很長一段時期內，選舉是最重要的而且可以說是全國唯一關心的大事。因此，各黨派又積極活動起來，凡是能夠想像出來的黨派激情，又在這時於一個幸福安靜的國家裡蕩漾起來。而在任的總統，則專心於設法自衛。他不再為國家的利益去處理政務，只為再次當選而忙碌。他為了獲得多數支持而討好選民，他不但不按其職責所要求的那樣去控制自己的激情，反而經常任意發作。隨著選舉的臨近，各種陰謀活動益加積極起來，而選舉的熱潮亦更加上漲和擴大。公民們分成數個對立的陣營，每個陣營都高舉自己候選人的旗幟。這時，全國到處興奮若狂，選舉成了報紙的頭條新聞、私人交談的話題、一切行動的目的、一切思想的中心和當前的唯一興趣。不錯，選舉的結果一經公布，這種熱情隨即消失，一切又恢復平靜，而看來似乎即將決堤的河水，又靜靜地流在原來的河道，但是，看到這場本來以為可以颳大的風暴，怎麼會不使人驚奇呢？[84]

這很可能是對選舉代議民主制最早的批評之一，其中評述了大選中的狂熱、政體的癱瘓、媒體宣傳，簡而言之就是選舉代議民主制的歇斯底里症。托克維爾完全肯定了抽籤產生的陪審團，因為這一制度讓「一定數量的公民被偶然選上，短暫地擁有審判權」。我還想節選如下一段文字：

> 陪審制度，特別是民事陪審制度，能使法官的一部分思維習慣進入所有公民的頭腦。而這種思維習慣，正是人民為使自己自由而要養成的習慣。

（在這裡我要指出，托克維爾和亞里斯多德一樣，把自由和在某些場合承擔責任關聯起來，並認為自由是可以後天習得的東西。）

> 陪審制度迫使人們去關注，與己無關的其他事情，藉此克服個人的自私

自利，而這種自私自利則是社會的積垢。

陪審制度對於形成判決、提升國民的知識有重大貢獻。我認為，這正是它的最大好處。應當把陪審團看成一所常設的免費學校，每個陪審員在這裡運用自己的權利，經常與上層階級最有教養和最有知識的人士接觸，學習運用法律的技術，並依靠律師的幫助、法官的指點甚至政黨的責問，而使自己精通法律。我認為，美國人的政治常識和實踐知識，主要是在長期運用民事陪審制度當中獲得的。

我不知道陪審團是否對涉訟的人有利，但我確信它對做出判決者有利。

我把陪審團視為社會能夠用以教育人民的最有效手段之一。[85]

儘管美國的政治制度在起步階段展現了民主制的種種潛力，但托克維爾看到了總統大選必然會帶來的弊端，對此深感遺憾，即便在那時美國還沒有出現大眾政黨，也沒有出現大眾傳媒。

在兩卷本《論美國的民主》問世的那幾年，另一個重大事件促進了選舉代議制的發展：一八三〇年比利時獨立。比利時是個小國，在獨立前夕仍處於外國列強掌控之中，更不用說在法國大革命之前，這片土地曾先後屬於奧地利、法國、荷蘭，所以人們對它為何竟有如此大的影響力深感困惑。然而，事實的確如此。比利時的憲法還被載入史冊，因為它是選舉代議制憲法的典範之作。[86]

比利時獲得獨立的過程可以說人盡皆知：先是發生了一系列反對現有政體的小規模衝突（一八三〇年八月至九月），隨後，在制憲會議期間出現了革命的貴族化趨勢（一八三〇年十月至一八三一年二月）。這場革命是由激進分子、共和派以及民主派推動的，憲法制定卻成了貴族、教士及溫和自由主義者的事。難道還會有其他走向嗎？一八三〇年十月三日比利時選舉國民議會（第一屆國會，其職責是制定憲法）的成員時，只有四萬六千人擁有選舉權，不到總人口的一％。唯有那些繳納了相當數量的稅款的人，才有權發出自己的聲音。他們大多是大地主、貴族和自由職業者，這些人將決定國家的未來。此外，一些「才能出眾的選民」，如神父、大學教授等也有投票權，這類公民雖然納稅不多，但在群眾中呼聲甚高。國民議會共有二百名成員，其中有四十五名貴族、三十八名律師、二十一名法官、十三名神職人員。其中一半的成員在比利時獨立之前就已經擔任公職，所以，國家獨立前後的斷裂並沒有人們以為的那麼巨大。[87]

比利時沒有延續對革命的狂熱。比利時的憲法是一種溫和的妥協，不管是其他國家還是比利時自己都欣然接受了它，因為它讓大家各得其所。對於保守派而言，以下三個方面是非常讓人滿意的：新政體是君主制（而不是共和制），納稅選舉制得以存續（而不是擴大投票權），參議院得以創立（而不是只有議會）。參議院對保守派意義重大，因為如此一來，貴族在新國家中仍擁有自己的機構。此外，選民的財產門檻設立得很高，所以只有大財主才有希望入選議員：舉國上下僅有四百人有資格被選進這個上等的議會。

新生比利時社會的進步派在以下幾個方面取得了艱難的勝利：國王必須服從憲法和議會（稱為君主立憲制或議會君主制）；選舉分為直接選舉和間接選舉（不同於美國和法國）；新聞自由和集會自由被寫進了憲法；陪審團仍採用抽籤來選出陪審員。納稅達到一定的數額才擁有選舉權，這一點不變，但沒有之前那麼嚴苛。九十五個比利時公民中就有一個可以投票；而在法國，在一百六十名公民中才有一人可以——那時，法國又重新實行君主制。[88] 只有人民起義中提出的最根本的方面未能得到變革。

儘管比利時憲法四分之三的內容來自先前的法國憲法和荷蘭憲法，但它是有開創性的：它建立了一套先進的制衡體系，使國家最高領導人、議會和政府這三者互相鉗制。觀察家們的火眼金睛注意到了比利時憲法的獨到之處。

我們現在已經淡忘了這部憲法的重大影響，但在十九世紀，它的確為新生的現代民族國家提供了參照。薩克森憲法（一八三一年）、瑞士聯邦憲法

（一八四八年）以及法蘭克福議會通過的聯邦制憲法草案（一八四九年）都從中汲取了靈感。還有一些憲法也深受其影響，如西班牙憲法（一八三七年）。在一八四八年這個革命年之後，它為多個國家的憲法提供了藍本：希臘（一八四八年和一八六四年）、荷蘭（一八四八年）、盧森堡（一八四八年）、皮埃蒙特—薩丁尼亞王國（一八四八年）、普魯士（一八五〇年）、羅馬尼亞（一八六六年）、保加利亞（一八七九年），甚至還有鄂圖曼帝國（一八七六年，也就是後來的土耳其）。荷蘭、盧森堡、希臘、羅馬尼亞和保加利亞的憲法簡直與比利時的一模一樣。二十世紀初，甚至在伊朗（一九〇六年）都能看到這部憲法的影響力。一九一八年後，一些新近獨立的中歐國家，如波蘭、匈牙利、捷克，也從中汲取了營養。[89]

一項近期的比較研究證實了以上說法：「一八三一年比利時憲法是早於一八四八年的憲法中最重要的一部。」[90]《新編劍橋世界近代史》說它是一個「燈塔」，是一部「確確實實超過了當時歐洲任何一部憲法」的法律：

這一具有代表性的憲法包含了那麼多獨一無二的內容，優於其他法律，甚至可以說，這部憲法本應獲得更多效仿。[91]

總而言之，這部既簡潔又明確的包含一百三十九個條款的憲法是至關重要的，在整整一個世紀中，現代世界的眾多國家都對其有所借鑑。因此，比利時的選舉代議制成為一種標準：托克維爾稱這種制度為「民主制」，比利時憲法將其正式化，從而可以在各個國家加以複製。自一八五〇年起，為民主而進行的戰鬥，目的已不再是反對選舉，而是擴大投票權。工人運動在歐洲遍地開花，他們的核心要求之一就是獲得投票權，相較而言，幾乎沒有人為抽籤搖旗吶喊。在群眾中，抽籤甚至稱得上臭名昭著：它總是讓人想起一件令人備感贈憎惡的事情，那就是透過抽籤招募新兵。法國人在十八世紀末發明了這樣的徵兵方式，而在比利時以及其他一些國家，這種做法存在了長達一個世紀之久，讓太多人灰心失望。佛蘭芒文學之父亨德里克・康西安斯

（Hendrik Conscience）有一部名為《新兵》的短篇小說寫得甚是精妙，無疑是這一題材的上佳之作。[92] 之所以要透過抽籤募兵，顯然不是為了什麼政治上的機會均等，而是要公平地分配大家都不想履行的義務，至少理論上是這樣。而事實上，它助長了一種不公：如果抽中的是富裕的年輕人，那麼他們就會支付一大筆錢，讓一位年富力強的農民或一名工人子弟代為服役。所以，抽籤在底層百姓中深受憎惡，因為貴族可以從中漁利。這真是一百八十度大轉彎！轉眼間，選舉成了民主性質的，而抽籤變成了貴族性質的！沒有哪個社會主義政黨的領導人建議使用抽籤，也沒有哪位鄉村神父為它辯護。抽籤已經過時了。

一八九一年，詹姆斯·威克利夫·黑德勒姆發表了第一部深入研究古雅典抽籤制的大部頭著作，並在劍橋大學國王學院繼續推進這一研究。他只能用以下語言來介紹自己這本書：「在歷史上存在過的所有制度中，透過抽籤來選擇公職人員是最讓人費解的。我們完全沒有體驗過這樣一種制度，而且提出要重新引進它顯得極其可笑，我們實在難以相信它曾經在一個文明社會如此普及。」[93]

半個世紀後，一九四八年，《世界人權宣言》告訴我們：「這一意志應以定期和真正的選舉予以表現。」又過了半個世紀，在一本全球暢銷書中，法蘭西斯・福山（Francis Fukuyama）讚美了議會民主制與市場經濟的神秘聯姻，從而宣告了「歷史之終結」。他說：「如果一個國家定期實行多黨制的選舉和匿名投票，並且所有成年人都能平等地參加普選，從而保證人民能夠自己選出政府，那麼這個國家就是民主制國家。」[94]

就這樣，大家達成了共識。

這就是我們的「選舉基本教義派」的致病機轉：最為民主的政治工具抽籤在十九世紀被選舉取代了；然而選舉發明的目的並非作為民主工具，而是要創造一種新的、非世襲的貴族制。投票權的擴大使這一貴族性質的程序越來越民主化，同時治理者和被治理者、政客與選民之間一如既往地存在著寡頭性質的根本分野。不同於林肯的期望，選舉民主制帶來的更多是一種民享的政府，而不是民治的政府。它必然是垂直的：它總是要保留「上級」和「下級」，也就是統治者和臣民。所以，投票就變成了一種讓少數個體上升的升降電梯。因此，選舉民主制成為保留了自由選舉色彩的封建制，一種人人擁戴的內部殖民。

「民主疲勞症候群」在今天隨處可見，這正是將選舉代議制神聖化的正常後果。幾十年來，選舉讓民主的發動機運轉，但現在我們越來越強烈地意識到，選舉其實是一種從外部借來的東西。當然，我們在過去已經對其進行了足夠多的打磨與修飾，讓它或多或少可以被很好地鑲入人民主權的機床內。但在使用選舉兩個世紀後，我們注意到它正在加速磨損。民主制沒有實現高效化，合法性又陷入危機。不滿、不信任以及抗議此起彼伏。在各個國家，人們都不得不思考以下問題：難道不可以想像另一種民主嗎？在此背景下，毫不意外地，抽籤的觀念再次進入人們的視野。

第四章 良藥

人們常說甘地有句精妙的名言（這句話其實來自中非）：「在沒有我參與時，你為我做的一切都是在與我對抗。」這是對當今選舉代議民主制悲劇的一個很好總結：治理人民卻又不讓其參與政治，即使是出於最好的意願，也僅僅是程度有限的治理而已。在十八世紀，民眾大多目不識丁，大片地區人跡罕至，因此採用選舉這一政治模式在一定程度上是有切實理由的。但如今這種選擇仍然合理嗎？

❖抽籤選擇的強勢回歸：審議民主（二十世紀末）

一九八八年八月，詹姆斯・費希金（James Fishkin）在美國期刊《大西洋月刊》（*The Atlantic Monthly*）上發表了一篇引人矚目的文章，區區兩頁的內容竟讓人大吃一驚。該篇文章的發表恰逢老布希戰勝麥可・杜卡基斯（Michael Dukakis）贏得大選的前幾個月，這兩位都是各自政黨經過長期且大範圍的初選和全國性政黨會議後推選出來的候選人。在美國，這樣的選舉淘汰賽一般從愛荷華州和新罕布夏州開始，且媒體會進行全方位的報導，因此這兩個州獲得了遠超其應有的關注。候選人如果在這一局獲得好成績，就會得到更多上電視的機會；如果結果不理想，恐怕前景堪慮，往往會遭遇贊助人撤資。所以，在政黨的支持者們還未開始斟酌人選之前，媒體和贊助人的遊戲規則已經就這一問題做出了裁決。

詹姆斯・費希金提出了質疑：這種現象正常嗎？這樣的程序在何種程度上稱得上民主？這位德州大學的年輕教授對近年來該領域的著述瞭若指掌。他讀過政治學家珍妮・曼斯布里奇（Jane Mansbridge）幾年前發表的《超越對立民主》（*Beyond Adversary Democracy*）。曼斯布里奇認為，美國有對立式和統一式兩種民主傳統：前者是對抗的，後者是相互尊重的；前者讓各黨派相互對立，後者允許民眾共同商議政治。詹姆斯・費希金當然也讀過班傑明・巴柏（Benjamin Barber）一九八四年出版的《強民主》（*Strong Democracy*）一書，這是二十世紀末最有影響力的政治學著作之一。巴柏在書中區分了強民主和弱民主，認為當今衝突不斷的代議民主就是弱民主的特徵。

那是一個激情澎湃的時代。作為二戰後最偉大的哲學家和政治學家，約翰・羅爾斯（John Rawls）和尤爾根・哈伯瑪斯（Jürgen Habermas）主張民眾更廣泛地參與關於未來社會構建的討論。隨著越來越多的研究者開始警惕現存制度的局限性，這類討論無疑將在理性的氛圍中展開，並且能使民主更加正當合理。

難道不應將這些新觀點付諸實踐嗎？費希金在《大西洋月刊》那篇著名的文章中提出了方案：在兩周內從美國各地召集一千五百位公民以及共和黨與民主黨的所有總統候選人，請這些公民聽取各候選人的工作計畫，並展開共同商討；而其他人可以透過電視媒體跟進他們的商議過程，以便做出更加合理的選擇。費希金有意重拾雅典民主的兩個方向，那就是參與者透過抽籤產生，並且可以獲得一筆報酬，以此來保障最大程度的多樣性。「隨機抽取的樣本才能帶來政治平等。理論上，所有公民都有均等的機會被選為參與者。」政治機會均等意味著雅典模式的浴火重生。但費希金主張的隨機樣本並不僅僅是一種民意調查：「民意調查只能獲得公眾未經深思熟慮的觀點……而審議式民調可以測量公眾在有機會考慮時的想法。」

「審議民主」一詞就此誕生，在這一制度下，公民不僅為政客投票，而且會相互討論，或是與專家探討。集體討論在審議民主中占據核心地位，所有參與者基於獲得的資訊以及自己的論據，就面臨的社會問題提出具體合理的方案。為了避免某些能言善辯之人打亂這種集體進程，參與者一般被分為多個小組，並且配有專業的主持者和事先定好的流程。近些年來，以審議民主為主題的文獻爆發式地大量問世，不過為它們提供啟發是兩千五百年前的事件。費希金解釋道：「把政治平等和審議相結合的方法可追溯至古雅典時期，那時候，人們用抽籤選出的幾百人組成審議民主團體，從而做出至關重要的決策。隨著雅典式民主的衰落，這種實踐被慢慢廢棄，隨之被人們遺忘。」[95]

費希金不斷探索具體的組織形式和方法，一心想要將想法付諸實踐，但到一九九二年大選之時他仍未準備妥當。如何讓參與者抵達預定場所？他們在哪裡過夜？兩個星期是一段很長的時間，而且一千五百人著實是個不小的數目。因此，他調整了自己的計畫：召集六百名參與者且活動僅持續一周。如此一來，其方案不僅更具可行性，而且仍能保證結果的代表性。在英國組織了幾場小規模的審議活動之後，費希金終於在一九九六年比爾・柯林頓（Bill Clinton）和鮑勃・杜爾（Bob Dole）對陣競選總統之際準備好了。一月十八日到二十一日，第一次的審議式民意調查（也被稱為全國議題會議National Issues Convention ）在德州首府奧斯汀展開。費希金收到了來自包括美國航空、西南貝爾公司（Southwestern Bell）、奧斯汀市政府、美國公共電視網（Public Broadcasting Service）在內的贊助人共計四百萬美元的資金支持。美國公共電視網對這次討論進行了四個多小時的直播，以便讓廣大民眾可以跟進抽籤選出的公民代表和不同總統候選人之間的商議溝通。這次活動雖然得到了如此大力的支持，但仍遭到了不少反對。一些輿論公然抨擊此次動議，甚至在活動開始之前，《公眾觀察》（*Public Perspective*）雜誌向全美國的記者都寄送了反對文章。[96]公眾審議？這是不可能的，或者至少不是人心所向，畢竟這是「危險」的。

費希金並不氣餒，身為學者的他希望探尋這種模式的民眾討論可以帶來什麼。他讓參與者分別在討論前、討論中和討論後填寫問卷，以便測評他們觀點的發展變化。參與者們在活動前收到了單純事實性的資料，並獲得了相互探討或與專家對話的機會。這樣做真的可以影響參與者的觀點嗎？他們大部分人「互相尊重、富有幽默感、有著共同的追求，從而造就了一個可以包容不同意見的集體氛圍」，這給觀察員留下了深刻的印象。[97]

本次測評的結論令人驚歎。在討論前後，公民的觀點差異相當巨大，整個討論過程無疑提高了公民代表的政治判斷能力，讓他們學會了適時調整自己的觀點，感受到政治決策的複雜性。這次測評首次在科學上提供了證明，一旦擁有合適的工具，普通民眾也可以成為勝任政治任務的公民。費希金認為這種模式可以摒除那種「被民調、政治措辭摘錄和標語主導的大眾民主」，建立能聽到「真正民眾聲音」的民主制度，為強化民主化進程提供機會。[98]

費希金的審議民主研究可謂政治學研究的一個真正轉捩點。此後，不再有嚴肅的研究者質疑，審議民主是否能為病入膏肓的選舉代議民主注入活力。公民對公共生活的參與不應局限於遊行、罷工、寫請願書或其他被允許在公共場合進行的動員，他們應該深入各個政府機構。費希金後來在世界各地親自組織了數十次審議式民調，其結果往往出人意料。[99] 他的工作所在地德州，曾多次透過抽籤挑選公民代表，共同協商清淨能源問題，這一議題對於盛產石油的德州而言頗為複雜。經過審議後，願意支付更多費用使用風能或太陽能的公民比例從五二％增長至八四％！正是由於支持者數量激增，德州成為二〇〇七年美國擁有最多風力發電機的地區；而在十年前，德州還落後於平均水準。在日本，人們就養老金問題進行了協商；在保加利亞，人們討論了對吉普賽人的歧視；在巴西，共同商議針對的是公共服務行業；中國則探討了城市政策問題。類似情形不一而足。每一次審議都會帶來新的法律條文。審議民主似乎在極度分裂的國家或地區也能運轉，北愛爾蘭就是一個例證。費希金讓信奉天主教和新教的父母就教育改革進行商議，他發現那些家長雖然平時更常批評對方、較少彼此交流，事實上也能夠共同商討出具體可行的建議。

在其他國家，新的公民參與模式備受追捧。自一九七〇年代以來，德國開設了計畫站（Planungszellen）。丹麥於一九八六年設立了科技委員會（Teknologi-rådet），這一與議會並行的機構鼓勵普通民眾積極討論新科技（如基因改造技術）的使用後果。法國於一九五五年創建了全國公開辯論委員會（Commission nationale pour le débat public），公民因而可以參與環境和基礎建設等問題的協商。英國則設立了公民陪審團（Citizen Juries）。而法蘭德斯在二〇〇〇年創建了社會與科學研究所（Institut Samenleving en Technology），動員民眾參與科技領域的公共事務。此類參政模式不勝枚舉。網站participedia.net發布了近年來數百次協商案例的相關資訊，而且據其統計，協商計畫的數量與日俱增。

在城市中，這類實驗可取得最佳效果。紐約市邀請普通民眾參與為期兩天的討論，就世貿大廈遺址的重建工程做出決策。在曼徹斯特，討論的主題是如何預防犯罪。在巴西的阿雷格里港以及北美洲的諸多城市，公民都直接參與了制定預算政策的協商活動。在中國的溫嶺，抽籤選出的公民可以就大型基礎工程項目的優先順序提出建議。二〇一三年，在鹿特丹南部和比利時的亨克，眾多公民代表討論了未來的主要社會經濟挑戰。

參與式民主的推行範圍不只是地方或國家。歐盟開展了大規模的審議民主活動（二〇〇五年的「共識會議」[Meeting of the Minds]、二〇〇七年和二〇〇九年的歐洲公民協商會議），並稱二〇一三年為「歐洲公民年」。

不管協商以何種模式進行——公民陪審團、小眾討論（mini-publics）、共識會議、審議式民調、計畫站、公共辯論、公民集會、人民議會、市政廳會議，活動組織者持續發現在兩次選舉之間聆聽民眾的聲音大有裨益。隨機的代議民主制豐富了選舉代議民主制。

要進行一次審議活動，首先需要確定代表性樣本。如果公民自己主動前來參與活動，我們可以確定他們具有極高的積極性而且會盡心盡力。但自薦也有弊端，那就是這類公民大多是三十歲以上、受教育程度高且極具辯才的白人男性，也就是所謂的「職業公民」。這並非理想的樣本。如果透過抽籤來招募參與者，我們可以獲得多樣性更強、更為合理的樣本，但這樣做成本更高，因為獲得一個具有代表性的優質樣本的費用相當高昂，而非自願前來的參與者事先對所商議之事知之甚少，可能很快就會對協商活動感到興味索然。簡言之，自薦可以提高效率，而抽籤可以確保合理性。有時會採取一種折中的方式：先抽籤再自薦，或是先自薦再抽籤。

二〇〇八年四月，澳洲總理陸克文（Kevin Rudd）為二〇二〇年的澳洲公民高峰會召集了上千名公民。他在尋找全國「最優秀的、最有才能的」的公民，這個說法可以追溯至十八世紀末。公民作為候選人需要列出自己的資質證明，遞交一份動機信，並闡明自己對於參與協商的看法。而政府對他們的交通和住宿費用竟不做任何補貼——而且是在澳洲這樣一個幅員遼闊的國家。有多少澳洲北部的貧窮原住民女性也許想要預訂前往坎培拉的票？這種做法等於用自我選舉貴族制而不是民主制替代原來的選舉貴族制，也就是說情況更糟了。公民參與成了「精英政治的秘密會議」。[100]

❖民主實踐的革新：國際性浪潮（二〇〇四—二〇一三年）

在近些年的所有協商活動中，我認為有五次是非常大膽且意義重大的。其中兩次在加拿大舉行，剩下的分別在荷蘭、冰島和愛爾蘭舉行。五次活動都發生在過去十年左右（愛爾蘭的協商持續到了二〇一三年末），全都獲得了暫時授權，還獲得了來自政府部門的可觀預算，且關注的都是一個極至關重要的問題：選舉法甚至是憲法的改革。我們確實處在民主的心臟地帶。相較於讓公民商議是否使用風力發電或玉米汽油，又大為不同了。

圖4列出了每一次活動的基本資訊。我劃分了兩個階段。第一階段是二〇〇四年到二〇〇九年，其間加拿大的不列顛哥倫比亞省和安大略省舉行了公民討論會，荷蘭則開展了三次探討現有選舉法改革（至少擬定一個改革提案）的協商活動。

圖 4：五個西方國家（或地區）的民主革新

	不列顛哥倫比亞省（加拿大）	荷蘭	安大略省（加拿大）	冰島	愛爾蘭
協商活動	改革選舉法的公民討論會（2004 年）	改革選舉制度的公民討論會（2006 年）	改革選舉法的公民討論會	制憲會議（2010—2012 年）	憲法大會（2013 年）
任務	改革選舉制度	改革選舉制度	改革選舉制度	修訂整部憲法	修訂憲法中的 8 個條款
執行者	政府	政府	政府	議會	議會
任期	1 年	9 個月（10 個週末）	9 個月	2 年（分 3 個階段）	1 年
預算（歐元）	410 萬	510 萬（不包含人力成本）	450 萬	220 萬	120 萬
人數	160 人	140 人	103 人	25 人	100 人
組成方式	79 個選區各選 1 名男性和 1 名女性，再加 2 位原住民	根據省份和性別按比例分配	每個選區選 1 名代表，應有 52 名女性、51 名男性，其中至少有 1 位原住民	根據性別和地區按比例分配	66 名公民和 33 名政客（29 名來自愛爾蘭共和國，4 名來自北愛爾蘭），再加 1 位會議主席

挑選方式	分三個階段招募： 1. 抽籤：從選民名單中抽選 2. 自薦：感興趣的民眾先參加一次資訊介紹會議，隨後確認是否報名 3. 抽籤：從候選人中抽選公民代表通過直接選舉產生	分三個階段招募： 1. 抽籤：從選民名單中抽選 2. 自薦：感興趣的民眾先參加一次資訊介紹會議，隨後確認是否報名 3. 抽籤：從候選人中抽選公民代表通過直接選舉產生	分三個階段招募： 1. 抽籤：從選民名單中抽選 2. 自薦：感興趣的民眾先參加一次資訊介紹會議，隨後確認是否報名 3. 抽籤：從候選人中抽選公民代表通過直接選舉產生	通過直接選舉產生： 1 .522 位候選人 2. 然後選舉出 25 位代表 3. 由議會指定	各類別挑選方式有所不同： 1. 指定會議主席 2. 抽籤選出公民代表 3. 選舉產生政治家
報酬	110 歐元 / 天，另加費用報銷和負責照顧孩子	400 歐元 / 週末	110 歐元 / 天	每位參與者獲得相當於議員四個月工資的報酬	報銷所有費用

實施方法	全過程分為三個階段，各階段持續三至四個月不等： 1. 專家培訓階段 2. 諮詢公民意見階段（區域性會議） 3. 決策與報告階段	全過程分為三個階段，各階段持續三至四個月不等： 1. 專家培訓階段 2. 諮詢公民意見階段（區域性會議） 3. 決策與報告階段	全過程分為三個階段，各階段持續三至四個月不等： 1. 專家培訓階段 2. 諮詢公民意見階段（區域性會議） 3. 決策與報告階段	1. 全國性討論會：1000 位公民 2. 憲法委員會：7 位政治家提出建議 3. 決定憲法前的理事會：25 位公民	1. 與專家共處八個月 2. 每個人都可提出建議 3. 召開區域性會議 4. 現場直播全體會議
匯報	重視每一張選票 （2004 年 12 月）	一張選票，多種選擇 （2006 年 12 月）	一張選票，兩次表決 （2007年5月）	向冰島共和國提交一部新憲法 （2011 年 7 月）	在憲法大會做報告並提出建議
授權情況	有約束力：須全民公投使其生效	無約束力	有約束力：須全民公投使其生效	有約束力：須全民公投使其生效	有約束力：須在議會獲得多數票後方能生效
後續	全民公投 2005 年：獲 57.7% 票數 2009 年：獲 39.9% 票數	無全民公投 2008 年：被政府棄置一旁	全民公投 2007 年：獲 36.9% 票數	全民公投 2012 年：每個議題都要獲得 2/3 的多數票；議會需要表決兩次，其間有一次選舉	建議被提交至議會，無論是否進行全民公投，議會須在四個月內做出決定。如進行公投，則獲得多數票即可

第二個階段始於二〇一〇年，至今還未結束。它包含冰島的制憲會議和愛爾蘭的憲法大會，二者都要提出憲法修正提案。愛爾蘭的活動著重關注憲法的八個條款，冰島的活動則涉及整部憲法。邀請普通民眾參與憲法的修訂絕非小事，在二〇〇八年的信貸危機中遭受重大損失的愛爾蘭和冰島敢於推動如此巨大的民主改革，這絕非偶然。冰島的破產和愛爾蘭的經濟蕭條都是對主流民主模式的嚴峻考驗。當局應行動起來，重建公民對政府的信任。

二〇〇四年，不列顛哥倫比亞省開啟了現代最為雄心勃勃的審議過程。這個加拿大省份想將改革選舉法的重任交予一百六十位隨機選出的公民代表。二〇〇四年時，加拿大仍在使用英國的選舉制度，即多數代表制：候選人哪怕以微弱的優勢領先，也會獲得選區的所有選票（贏家通吃），這與比例代表制極為不同。多數代表制合理嗎？在將近一年的時間裡，公民討論會的參與者們定期碰頭。僅靠政黨本身很難對選舉條例做出任何修改，政黨不具有發言權，因為相較於為公眾謀福祉，政黨人士更在意一個新的提案會在何種程度上於他們自己不利。

因此，在安大略省，與獨立自主的公民協商似乎是合情合理的。安大略省的人口是不列顛哥倫比亞省的三倍，但前者仍邀請了從選民名單中隨機選出的諸多公民參與協商活動。感興趣的民眾可以先參加一次資訊介紹會議，會後他們如果希望參加協商就確認報名。討論會的一百零三名代表會透過抽籤選出：應有五十二名女性、五十一名男性，其中至少有一位原住民，還需考慮年齡金字塔。在這個團體中，只有會議主席是指定的。在抽籤確定的最終參與名單中，七十七人出生於加拿大，二十七人來自外國。他們的職業有保育員、會計、工人、教師、公務員、企業家、電腦工程師、學生、醫務人員等。

儘管荷蘭的選舉採用的是一種比例代表制，但近年來民主六六黨（D66）要求改良荷蘭民主制的相關規定。二〇〇三年，民主六六黨在參與組閣協商時，試圖說服聯合政府中的夥伴借鑑加拿大的經驗，建立一個關於選舉的公民討論會。其他政黨對提議興趣不大，但如果這是說服民主66黨加入聯合政府的代價，那麼這些政黨可以接受。在二〇〇六年的提前選舉後，民主六六黨離開聯合政府，該計畫因此被束之高閣——這件事做得隱秘至極，所以大多數荷蘭人，甚至最忠實的報紙讀者，都對此聞所未聞或是幾乎想不起來了。這實在令人遺憾，因為加拿大的同類機構已經完成了一些重大成果。[101]

在上述三個例子中，招募分為三個步驟：①從選民名單中抽籤選出隨機樣本，被選中的公民會收到郵寄的邀請函；②隨後是一個自薦過程，所有感興趣的人都可以參與一次資訊介紹會議，並報名成為候選人；③透過抽籤在候選人中選出最終成員，這個過程應考慮年齡、性別以及其他標準的均衡分配。所以總共有三步：先抽籤，然後自薦，再抽籤。

在這三個國家，協商持續了九至十二個月不等，其間參與者第一次有機會與專家對話並翻閱一些檔案，以便熟悉議題。而後，他們徵詢其他公民的意見，相互商議切磋。最後，他們提出一個修訂選舉法的具體方案。（順道一提，安大略省的民眾選擇了不同於不列顛哥倫比亞省的選舉方法，也就是說，審議並非將意見導向預設方向的操縱手段。）

人們在網上閱讀加拿大和荷蘭的公民討論會報告後，都因兩國公民在討論技術性改善方案時細膩的論證而震驚不已。那些懷疑隨機選出的普通民眾不能做出明智而理性的決策之人，都應當讀一讀這些報告。費希金的研究成果再次得到了證實。

但三次活動都沒有對政策產生切實的影響，這是顯而易見的。難道說明智的投入幾乎沒有獲得具體的結果？是的。在這三個案例中，公民討論會的提議必須在全民公投中得到認可。抽籤似乎仍不是一個常用的民主工具，所以還不能一下子就享有無可爭議的合法性，這就好比美國公民陪審團的判決仍需要全民公投來使其生效。然而，事情確實就是這樣發生的：數十位代表幾個月的工作成果要由全體人民即刻做出評判。在不列顛哥倫比亞省，五七・七%的公民投出了贊成票。贊成人數已經非常之多了，但略微低於所要求的六〇%。（二〇〇九年這一提案又獲得了一次公投的機會，但公眾的熱忱下跌，只獲得了三九・九%的支持率。）在安大略省僅有三六・九%的公民表示贊成。荷蘭首相楊・彼得・巴爾克嫩德（Jan Peter Balkenende）的內閣沒有採納公民討論會有關選舉法的提議，儘管他們為此花費了五百多萬歐元。

民主革新是一個緩慢的過程，因此加拿大和荷蘭最終的失敗是非常有啟發性的。究其原因，有以下幾點值得注意：①參與公投的公民沒有聽取審議過程，他們在投票站所表達的未經深思熟慮的觀點與參與者深思熟慮的觀點完全不同；[102]②公民討論會只是臨時性的機構，權力相當有限，所以話語權比不上正式的機構；③政黨往往不信任或者乾脆無視公民代表的提議，因為改革選舉法往往意味著削弱政黨的權力（荷蘭政府甚至不組織全民公投，直接將公民討論會的提議棄置一旁）；[103]④不管提議內容為何，加拿大的商業媒體總是對公民討論會極度敵視，安大略省的新聞媒體的負面報導幾近歐斯底里；[104] ⑤公民討論會往往沒有經驗豐富的發言人，也不具備充足的活動經費，儘管決定由新聞媒體發布，但公民討論會的經費大多被用在了內部運轉而不是推廣活動上；⑥關於複雜改革提案的公投或許總是非常利於說「不」的陣營——如果你不知道，就說「不」。在歐盟憲法中，反對者的懷疑足以令說「是」的陣營不得不更加努力地，將更多精力放在溝通上。我們應該追問：進行公投是解決複雜問題的最佳方法嗎？[105]

近幾十年來，人們將公投視作一種改革民主制的有效手段。隨著個體化加劇、公民社會的式微，諸多觀察家認為在面對存有爭議的議題時，直接詢問人民的意見是有用的。儘管荷蘭、法國和愛爾蘭就歐盟憲法發起的公投在一定程度上澆滅了人民的熱情，全民公投仍享有相當廣泛的支持，這從加泰隆尼亞和蘇格蘭的獨立公投、英國的脫歐公投可見一斑。全民公投和審議民主都會直接徵求普通民眾的意見，但二者截然不同：在全民公投中，政府要求所有人就一個他們通常知之甚少的議題進行投票；而在審議活動中，政府只聆聽一個掌握了議題各方面資訊的代表性樣本的意見。全民公投體現的是人民的直覺反應，而審議活動能獲得民眾的理性觀點。

公民討論會的工作完成得非常出色，但也只是徒勞。其參與者早晚都得將這些發現公之於眾，這一過程不無困難，因為隱秘的審議活動會突然暴露在眾目睽睽之下。事實證明，最為激烈的反對者總是來自政黨和商業媒體，這一普遍現象非常有趣。敵意從何而來？眾多學者和活動家都拿這一問題反躬自問。公民社會往往樂見公民能夠更參與公共事務（儘管這僅僅是因為一百多年來，工會、雇主協會、青年運動、婦女組織以及社會生活中的其他活躍者都參與其中），新聞媒體和政客卻往往看不起公民。是因為他們習慣於擔任公眾意見的守門員而不願放棄這一特權嗎？這當然是一個原因。是因為新聞媒體和政客都屬於舊的選舉代議制，新形式的民主對於他們來說可能會有些難以接受嗎？有可能。或者還因為習慣了自上而下的體制的人很難應對自下而上的意見嗎？也不排除這種可能性。

但還有其他原因。各個政黨因選民的抉擇而焦慮不已。我們知道，很多公民不信任他們的政客，但根據新近的觀察，政客也不把他們的公民放在眼裡。我們都還記得荷蘭研究員彼得・坎內的調查結果：九〇％的政客都瞧不起普通民眾。如果政客們都認為民眾與他們意見相左，那麼他們對人民的參與持懷疑態度也就不足為奇了。

新聞媒體也心有疑慮。對於參與者而言，抽籤選出的公民代表們展開的審議過程時常是極為強烈的經驗，但現在的新聞報導形式很難體現這一點：在媒體報導下，審議往往進展緩慢，不會發生重大衝突，參與者中沒有出名人物，也沒有領導者。公民代表們手裡拿著便利貼和記號筆，圍坐在圓桌邊展開商議，這樣的場景對於觀眾而言實在是乏味至極。議會民主就如同一齣好戲，人們在電視媒體中可以看到諸多精彩紛呈的時刻；而審議民主缺少戲劇性情節，難以呈現為一個有較強故事性的活動。英國電視四台曾做過一檔叫作「人民議會」（The People's Parliament）的節目，他們聘請費希金擔任節目顧問，並隨機選出幾百名公民就青少年犯罪、投票權等頗具爭議性的話題展開辯論。該節目僅播出了幾集就喊停，因為它吸引不了觀眾的目光。[106]這一例子也說明了為何新聞媒體對審議民主持保留態度。

冰島的協商活動汲取了加拿大和荷蘭的經驗教訓。為避免公民代表們的工作成果被置之不理，冰島在三個重要方面做出了相應的調整。第一，他們不是抽籤選出一百至一百六十人，而是投票選出二十五位代表。每一位候選人需獲得三十人的簽名，而候選人總共有五百二十二位候選人報名參加。除此之外的其他選民透過投票選出協商小組的二十五位成員。（由於政黨間的爭執，投票被宣告無效，議會決定由他們自己選出團隊成員，不過這無足輕重，因為基本原則是制憲會議須經選舉形成。）第二，要極力避免讓公民和政客覺得協商小組的活動缺乏合法性。因此，政府要求成千上萬的公民事先就新憲法的原則和價值展開討論，而七名政客將初步意見整理成一份長達七百頁的文件。這是為了先發制人，堵住悠悠眾口。第三，組織者有意不把二十五位代表關在一個「黑盒子」裡。關在黑盒子裡的代表會在商議數月後拿出一部已完成的憲法；與之相反，公民會議在討論修憲期間，每週都在網路上公布暫定的憲法條款，而普通民眾可在臉書、推特以及其他媒體平臺上進行評論，隨後，參考了這些評論的更新版又會被放上網路，這樣的過程循環往復。冰島就此次修憲總計收到了近四千條評論，這極大地豐富了協商過程。透明性和共同商議都是關鍵。《國際先驅論壇報》（*International Herald Tribune*）稱這部憲法為首部產生於「眾包」（crowdsourcing）的憲法。

這些調整發揮了相當的作用。二〇一二年十月二十日，這部憲法提案接受冰島人民的公投，三分之二的人投出了贊成票。在審議期間，制憲會議提出了另一個問題：私人島嶼上的自然資源是否應收歸國有？多達八三％的冰島公民做出了肯定的回答。[107]

到目前為止，冰島民眾的大膽嘗試無疑是審議民主最為成功的例子。他們之所以取得如此巨大的成功，是因為整個協商過程都完全公開透明嗎？還是因為他們使用了選舉而不是抽籤來選出代表？這很難說。選舉措施確實讓冰島獲得了諸多能人志士，而且也提高了效率——他們僅花四個月就制定了新憲法。然而，冰島模式在合法性上有所欠缺。參與制憲會議的25人足夠多樣化嗎？在這二十五人之中，有七名大學、博物館或工會的領導者，五名大學教授或講師，四位媒體人，四位藝術家，兩名律師以及一名牧師，甚至歌手碧玉（Björk）的父親，一位著名的工會幹部，也位列其中。其中僅有一位農民。[108]從方法論上看，協商小組的人員組成情況無疑是本次活動最為薄弱的一環。相較之下，普通民眾贊成提案，更多是因為其有極大的透明性。因此有人提出了這樣一個問題：抽籤選出的公民代表們的憲法提案——它們能做到同樣程度的公開透明，但是會耗費更長的時間——能在公投中獲得同樣高的支持率嗎？

在愛爾蘭，這一問題很快受到檢驗。始於二〇一三年一月的愛爾蘭憲法大會也汲取了早期民主嘗試的經驗教訓。愛爾蘭人得出了如下結論：應更加緊密地與政客合作（同冰島），但在挑選公民代表時仍以抽籤為準（不同於冰島）。愛爾蘭人還認為，如果在協商之初就與政客聯手，取得成功的可能性會更大。在這方面，他們比冰島人走得更遠。他們不只是請幾位政客給予初步建議，而是有意識地讓政客和公民在整個協商過程中都攜手合作。來自愛爾蘭共和國及北愛爾蘭的六十六名公民和三十三名職業政客（傑瑞・亞當斯[Gerry Adams]即為其中之一）將在一年的時間內共同協商、討論。愛爾蘭既讓普通民眾參與協商，又給予能說會道、對局勢瞭若指掌的政黨知名人士話語權，這可能顯得有些奇怪；但這種做法可以加快政治決策的施行，消除政客對公民參與公共事務的擔憂，進而避免政黨對種種提案的嘲笑。審議過程有時會對參與者產生極大影響：政客對公民的不信任逐漸煙消雲散，公民對政客的質疑也一掃而空。也就是說，公民的參與可以促進兩者間的相互信任，儘管政客占據主導地位的風險一直存在。我們需要等待愛爾蘭模式的分析，但如果這個程序在設計上是合理的，那麼透過內部制衡機制（比如將參與者分成更小的小組、廣泛地傳播決策），部分參與者擁有不成比例的權重這一情況就將得以避免。

愛爾蘭人也毫不遲疑地選擇了抽籤。都柏林大學曾發起「我們就是公民」（We the Citizens）運動，透過抽籤選出公民代表，取得了相當的成功，憲法大會便以此為借鑒基礎召開。一個獨立的研究機構依據年齡、性別及籍貫（出生於愛爾蘭共和國或北愛爾蘭）隨機選出了六十六人的代表團。透過這種方式選出的參與者背景多樣，有助於可以更好地就現行憲法中的同性婚姻、女性權益、禁止褻瀆宗教等敏感話題展開協商討論。參與者不是在孤軍奮戰：在愛爾蘭，他們聽取專家們的意見，也歡迎其他公民的參與（他們收到了上千份對同性婚姻的看法）。憲法大會的決策並不附隨法律效力：他們的提案須先由愛爾蘭眾議院和參議院核查，再由政府審核，最後再接受全民公投。所以大會的提案會經歷一道又一道關卡，因為如同公民討論會的第一個階段，人們仍會擔心第二個階段會因使用抽籤而激起大範圍的騷亂。

然而，二〇一五年五月二十二日，愛爾蘭人民在全國公投中，選擇支持同性婚姻合法化修憲案。贊成陣營獲得多達六二%的選票。而這次公投之所以得以舉行，則是憲法大會以七九%的多數建議修憲的結果。再也沒有更好的例子足以說明審議式民主如何改變現實，這也是近代世界史上第一次，以抽籤選出的公民討論促成了一國憲法的修改。[109]

於是，在所謂的天主教國家愛爾蘭，同性婚姻在相對平和的狀態下推動實施，部分要歸功於公民參與；反觀高舉自由主義的法國，卻圍繞著同一個議題經歷了一年激烈的政治動亂。超過三十萬人走上巴黎街頭遊行。那裡的公民沒有決定權。

❖未來的民主創新：以抽籤模式為基礎的立法機構

我之所以要詳細地探討加拿大、荷蘭、愛爾蘭和冰島的協商例子，是因為它們的民主創新嘗試確實不乏激動人心之處。然而，儘管這些國家都大規模地開展了審議活動，而且針對的都是至關重要的問題，但外國的主流媒體幾乎沒有對其加以報導，所以它們所積累的諸多知識和經驗並未引起國際社會的廣泛關注。但資訊交流上的延遲並未阻止部分人更深入思考。各國的民主都在以不同的步調發展：雖然政客們仍是躊躇不定，媒體機構仍是滿腹狐疑，普通民眾仍是渾然不覺，但學者和活動家們已經走在了前端。正如比利時哲學家菲利普・范・帕雷斯（Philippe Van Parijs）所說，他們的使命就是「儘早地做正確之事」。[110] 十九世紀中葉約翰・史都華・彌爾（John Stuart Mill）主張女性選舉權時，與他同時代的人就稱其為瘋子。

很多人儘管清楚地知道等待他們的是嘲弄諷刺和屈尊俯就的姿態，但近幾十年來他們一直著書提倡將抽籤模式明確寫入憲法，並在各政府機構中實行。在他們看來，抽籤的使用不該局限於臨時性事務；相反地，抽籤選出的公民代表應成為國家機器的組成部分。如何實現這一設想是值得探討的問題。他們都提議，由抽籤挑選的公民代表組建一個立法機關。到目前為止，二十餘個此類機關正在籌建之中。[111]他們一致認為，由隨機選出的公民代表組成的議會可以兼顧合法性和高效率。其合法性足夠，是因為抽籤模式實現了均分政治機會的理想。其效率較高，是因為這些新當選的人民代表不會因政黨間的拉鋸戰、選舉遊戲、媒體大戰或立法爭論而心力交瘁；他們可集中精力，努力提升公共利益。下面我們來看一看五個重要的提案（見圖5）。[112]

一九八五年，美國作家歐尼斯特・卡倫巴赫（Ernest Callenbach）和麥可・飛利浦（Michael Phillips）雙雙建議美國將眾議院（House of Representa-

圖 5：對以抽籤為基礎的立法機構的建議

國家（或組織）	美國	英國	英國	法國	歐盟
機構名稱	代表院	同儕院	下議院	第三院	樂透院
角色	取代眾議院	取代上議院	取代現有下議院	與國民議會和參議院並存	與歐洲議會並存
成員數量	435 人	600 人			200 人
組成方式	從已有的陪審員名單中抽籤選出	1. 從選民名單中抽籤選出 2. 自薦 3. 根據年齡、地區等條件抽籤選出，再加上幾名黨派人士	抽籤，對年齡、受教育程度以及能力有限制	在自願的候選人中抽籤選出	按比例在歐盟成員國全體成年人中抽籤選出；強制性參與
任期	3 年（分批任職）	1 — 4 年	1 — 10 年		2.5 年（只能擔任一次）

報酬	非常合理	至少與現任議員工資相當的報酬，加上合理的雇員補貼	非常合理	至少與現任參議員和國民議會議員工資相當的報酬	組織和金錢方面的條件都非常具有吸引力
職責	1. 提出法律提案 2. 評估參議院的法律提案	只評估下議院的法律提案（確保提案是明確的、有效的、合憲的）	只評估法律提案	關注生態、社會問題、選舉法、憲法等需要長期規劃的議題	1. 提議立法 2. 提出建議 3. 否決
提議者	歐尼斯特・卡倫巴赫和麥可・飛利浦（1985年）	安森尼・班奈特和彼得・卡蒂（1998年）	凱斯・蘇德蘭（2008年	依維・辛特默（2011年）	胡貝圖斯・貝希斯坦（2009年）
其他參考文獻	比恩海默（1985）；萊布（2005）；奧萊阿里（2006）	安森尼・班奈特和彼得・卡蒂（2008）；紮卡拉（2010）	凱斯・蘇德蘭（2011）		貝希斯坦和海因（2010）

tives）改為代表院（Representative House），即四百三十五名代表均由抽籤而非選舉選出。兩位作家並不是在虛構故事。卡倫巴赫一九八四年因銷量高達百萬冊的《生態烏托邦》（*Ecotopia*）而名噪一時，他的諸多想法在當時顯得頗為大膽，但現在已被普遍接受。銀行家飛利浦發表過《貨幣的七大規律》（*The Seven Laws of Money*）和《誠信經營》（*Honest Business*）等著作，在一九六〇年代，他就是萬事達卡公司的「大腦」。

在他們看來，選舉出的代表並不具備代表性；此外，選舉制度容易滋生腐敗，而且金錢在其中的作用太過強大。實行抽籤就能補救這一缺陷。透過抽籤從陪審員名單——在美國，陪審員名單的人數多於選民——中隨機挑選公民代表，而後由他們擔任三年的議員。公民代表們應獲得一筆數量可觀的酬勞，以保證窮人想要參與活動，富人願意放下手頭的工作，忙碌之人可以騰出時間。為確保連續性，代表院不會要求全體代表同時在場，而是每年有三分之一在場即可。兩位作者還指出，這些議員的職責應與眾議員大致相當，他們同樣需要向參議院提案並評估參議院提出的議案。

我們注意到，歐尼斯特・卡倫巴赫和麥可・飛利浦並不主張全面廢除選舉模式。他們認為參議院和代表院共存是合情合理的：參議院由選舉產生，代表院由抽籤產生。公民代表應由選舉和抽籤兩種模式提供。「我們並不認為直接選出代表的想法是不切實際的。一旦抽籤模式被人們廣泛理解，那麼它就會和之前促使投票權擴大的正義和公平理念一樣，產生很強的吸引力。」[113]

近年來的著作優化了卡倫巴赫和飛利浦的提議。英國政府收到了一些建議。安森尼・巴奈特（Anthony Barrett）和彼得・卡蒂（Peter Carty）認為，英國上議院——西方唯一議員資格在某些情況下仍能世襲的上議院——應被民主化。巴奈特是政治網站 openDemocracy 的創始人，並定期為《衛報》（*The Guardian*）撰稿，卡蒂則一直在為《衛報》、《獨立報》（*The Independent*）、《星期日獨立報》（*The Independent on Sunday*）、

《金融時報》（*Financial Times*）等多家英國一流報紙寫作。不同於其美國同行，他們希望透過抽籤產生上議院而非下議院。他們並不認為這一由抽籤形成的機構應享有立法權；下議院必須進行足夠多的立法監督。新的上議院——他們將其取名為「同儕院」（House of Peers）——應確保提案是明確的、有效的、合憲的。[114]他們意識到了這一變革的激進之處，但民主制應看得更為長遠。他們寫道：「任何重要觀點的生命都會經歷三個階段。首先，人們對其不以為然；隨後，遭遇冷言冷語；最後，成為常識而被廣泛接受。」[115]

艾希特大學（The University of Exeter）研究員凱斯・蘇德蘭（Keith Sutherland）自稱保守主義者，指出情況應正好相反：上議院應保持不變，而下議院應由抽籤選出的議員組成，就像兩位美國同行提議的那樣。他也認為支付給公民代表一份慷慨的酬勞極為重要，並同其在英國的同行一樣，提議不要將倡議權賦予抽籤產生的機構。但他確實懷疑是否應對代表的年齡、教育程度以及能力設置最低條件。作為保守主義者，他建議抽籤名單中只能有四十歲以上的公民，因為更年輕族群的需求已經在大眾傳媒、黨派政治和行銷活動中獲得了充分考慮。不管持何種觀點，這些學者的底線都是相當明確的：「抽籤是一切自稱民主的政體的必要組成部分。」[116]

在法國，政治學家依維・辛特默（Yves Sintomer）提議，不要用一個抽籤產生的機構取代國民議會或參議院，而應重新組建一個議院作為現有體系的有益補充。他稱其為第三院（Troisième Chambre），並指出其成員應在自薦的候選人中抽籤選出。他還強調了合適的報酬以及提供資訊的重要性。此外，抽籤選出的議員應和選舉選出的議員一樣，有智囊團協助。辛特默並未明確指出應將何種權利賦予何人，但他建議第三院應重點關注生態、社會問題、選舉法、憲法等需要長期規劃的議題，而現有議院往往忽視了它們。[117]

德國教授胡貝圖斯・布赫斯坦（Hubertus Buchstein）也主張增設一個議院，但他指的是一個跨國的而非國家的議院。他說，我們應建立一個由抽籤挑選出的公民組建的歐洲議院（European Parliament），他稱其為樂透院（House of Lots）：歐盟成員國按比例在全體成年人中抽籤選出二百名代表擔任為期兩年半的議員。被選中之人如未遭遇不可抗力的阻礙，就必須出任議員。布赫斯坦同樣認為應有組織上和財政上的支持條件，因此沒有人有理由拒絕。對於英國學者們的觀點他不以為然，認為樂透院應有權提議立法，還應有權提出建議甚至否決。這些都是影響深遠的舉措，但布赫斯坦認為透過審議施加壓力，從而彌補歐洲在民主上的不足。[118]只有這樣的審議施壓，才能指望歐盟進行高效且透明的決策。

在對比分析了以上幾項提議後，我們有哪些值得注意之處呢？第一，它們涉及的都是法國、英國、美國、歐盟這樣的大國或龐大組織的政體，抽籤模式僅適用於城邦國家和小國的時代已然結束。第二，儘管著書者們存有較大分歧，但一致認為任期最長只能為幾年，且應該向公民代表支付酬勞（能慷慨些當然更好）。第三，公民代表能力參差不齊的缺陷應由臨時培訓和專家支持予以彌補，就像現在的議會那樣。第四，抽籤產生的機構和選舉產生的機構並非互不相干，而是相輔相成。第五，所有提案都指出，抽籤僅適用於一個立法機構。

❖以抽籤為基礎的民主藍圖

二〇一三年春，美國研究員泰瑞・波利西斯（Terrill Bouricius）在學術期刊《公共協商》（*Journal of Public Deliberation*）上發表了一篇極具吸引力的文章。波利西斯在其人生的過去二十年中一直作為一名當選政客在佛蒙特州工作。他在文章中追問道：之前那些提議能夠在多大程度上實現？用抽籤產生的機構取代選舉產生的機構，可帶來更多的支持、更大的能量，但這樣做就能給予民主制全新的推動力嗎？上述質疑可謂一針見血。理論上，人們認為應該設立一個能代表全歐盟的抽籤產生的歐洲議院，但有多少立陶宛鄉村麵包店的女店主願意歇業幾年，前往史特拉斯堡擔任樂透院的議員？又有幾位馬爾他的年輕工程師會因為歐洲議院抽中了自己，就甘願放下手中頗具前景的專案去當三年的議員？有多少英國中部地區的失業者願意離開酒吧和朋友長達幾年，就為了去和一群素不相識之人搗鼓些法律條款？他們就算都想去，就能很好地完成任務嗎？這樣的議院的確更具合法性（因為更具代表性），但也更為高效嗎？抑或大多數中簽者會編造種種藉口，相互推諉，不去任職，所以代表人民的任務會再度落在受到良好教育之人的肩上？依靠抽籤組建議院從而加強民主的提議聽起來非常不錯，卻會遭遇不計其數的艱難險阻。學者們想要每個人都擁有話語權，最終卻可能導致新的精英主義。

如何在理想與現實間達成和解呢？這些就是波利西斯的文章力圖解決的問題。

波利西斯回顧了古雅典民主制並研究了其運轉機制，然後進一步追問道：將其移植到現實政治，會出現怎樣的結果？在古雅典的民主制中，抽籤的使用範圍不限於某一個機構，而是所有政府機構，從而建立了一個相互監督的制衡體系。「五百人議事會制定議程，為公民大會起草議案，預先審查提交至公民大會的議案，但不能通過法律。公民大會通過的法律可能會被陪審法庭推翻，但陪審法庭本身不能通過法律。」如此一來，決策過程被分散至多個機構（見圖２B）。這看起來有些複雜，但有如下幾個突出優點：

> 雅典透過將權力分散至多個抽籤產生的機構和公民大會的自願參與者，實現了選舉產生的現代立法機構無法達成的三個重要目標：①立法機構相對而言更能代表公民；②在極大程度上避免了腐敗以及政治權力的過

度集中；③更多的相關人口擁有了參與政治生活與決策過程的機會。[119]

多體抽籤制（multi-body sortition，這是波利西斯創造的術語）既可以提高效率，又可以增強合法性。

這樣的制度在今天如何運轉呢？我試著以圖解形式呈現波利西斯提出的模式（見圖6）。此圖主要參考了他發表在《公共協商》的那篇文章，他之前的研究以及我與他、他的同事大衛・謝克特（David Schecter）的郵件往來也提供了不少補充資訊。

在波利西斯看來，必須有六個機構，因為必須盡力調解利益衝突。他的研究方向是民主創新，所以他非常明白調解這些衝突的困難程度。人們希望透過抽籤來獲得更具代表性的、規模較大的樣本，但同時不得不承認，人數較少的公民代表小組更便於開展工作；人們想要代表們快速地輪流任職以提高民眾參與度，但同時又深知長任期可以帶來更漂亮的工作業績；人們想要

圖 6：多體抽簽制：以抽籤為基礎的民主藍圖

議程設置委員會—設置議程，選擇立法議題

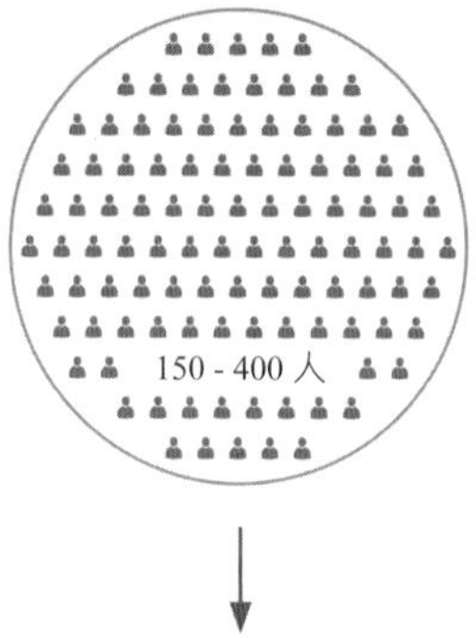

規模：150 — 400 人，可以分成小組委員會
組成方式：>從自願報名的公民中抽籤選出
工作時間：全職
輪換：三年（每年換 1/3）；只能任職一屆
報酬：有工資

利益討論組—就給定的議題提出立法建議

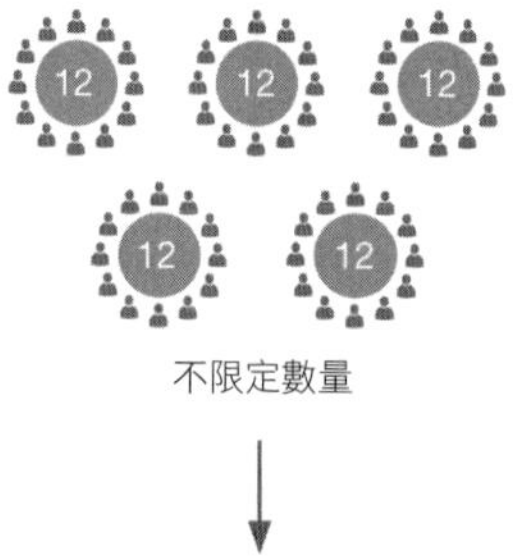

規模：每個小組 12 人；不限定小組數量
組成方式：自願參加
工作時間：參與者想參加時即可參加
任期：到最後期限時利益討論組自動解散
報酬：無

評審委員會—根據專家和利益討論組提供的信息整理法律提案

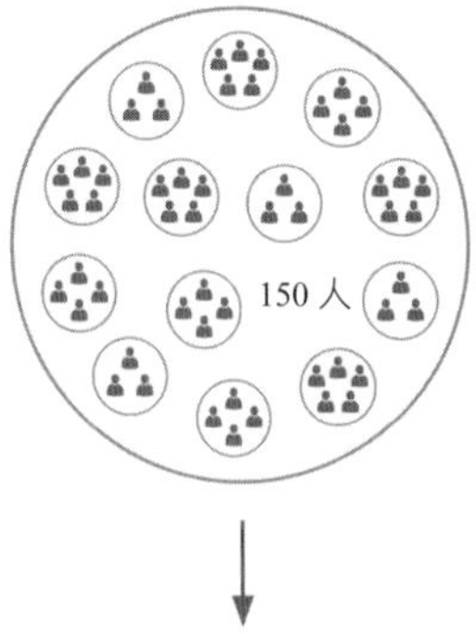

規模：150 人，分為多個小組；每個小組負責一個公共政策領域；參與者無權選擇小組，只能服從分配
組成方式：從自願者中抽籤產生
工作時間：全職
輪換：三年（每年換 1/3）；只能任職一屆
報酬：有工資，另有資助

政策陪審團—就新立法進行投票，在聽取評審委員會的介紹說明後進行秘密投票表決

規模： 400 人（全員出席時的人數）
組成方式： 從全體成年公民中抽籤產生；強制性參與
工作時間： 每次要針對一項提案進行為期一天或幾天的投票
任期： 一天到幾天
報酬： 按日計算，另有差遣費及其他

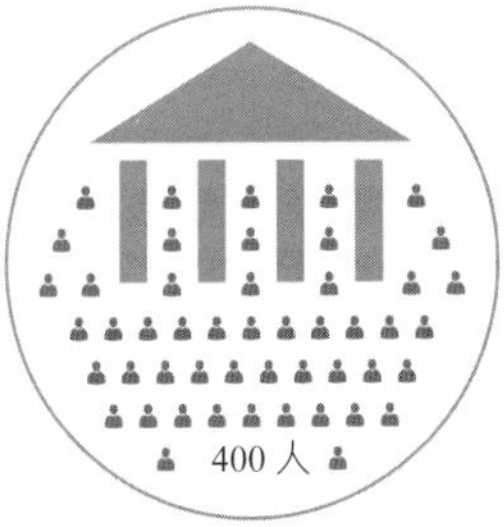

規則委員會—制定規則以及立法程序

規模： 約 50 人
組成方式： 從志願者中抽籤選出（盡可能從已擔任過其他委員會成員的志願者中選出）
工作時間： 全職（尤其在初期）
任期： 三年（每年換 1/3）；只能任職一屆
報酬： 有工資

監督委員會—監督立法過程，處理異議

規模： 約 200 人
組成方式： 從志願者中抽籤選出
工作時間： 全職
任期： 三年（每年換 1/3）；只能任職一屆
報酬： 有工資

有參與公共生活意願的人都能參與，但也知道這樣做的結果是公民代表大多是受教育程度高、口才好但不具代表性的公民；人們希望民眾共同商議探討，但知道這會產生群體思維的風險，也就是很快就會達成共識；人們想要給予抽籤產生的機構盡可能大的權力，但又清楚一些個體會對團隊流程施加過多影響，這會帶來一些專制的後果。

探尋過其他協商模式的學者必然也遭遇了這五大困境。這五個問題針對的分別是理想的小組規模、理想的任期、理想的選擇方式、理想的協商辦法以及理想的團體互動。波利西斯說，並不存在十全十美的制度，還是放棄這樣的追求吧。他提出一個由多個機構組成的政府，各機構取長補短、相得益彰。

在他看來，與其將所有權力賦予一個抽籤產生的機構，不如將立法工作細分為多個階段。

第一階段是確定議程。波利西斯提出由議程設置委員會（Agenda Council）來執行這一任務。這一規模龐大的機構從自願報名的公民中抽選成員（與雅典的陪審法庭相似），隨後提出議題，但不具備協商資格。如果未被抽中的公民希望商議某一議題，可在獲得足夠數量的其他公民的簽名後將議題提上議程。

第二階段是組建各式各樣的利益討論群組（Interest Panels）。或許它們只涉及了部分利益，但數量也高達上百個。利益討論群組是由十二名公民組成的小團體，每個小組都可以提出立法建議（或就法案的一部分提出建議）。其成員資格既不來自選舉，也不來自抽籤，公民只憑興趣或利益就可自願參加某一議題的討論。小組的十二個人互不相識，所以不會尋求共同利益，但它也可稱作一個遊說團體。不過這無關緊要：他們沒有最終決定權，其建議要由其他機構評估。利益討論群組讓普通民眾可以借助經驗豐富的專家們的能力，就公共政策提出具體意見。這一方法極大地提高了效率，例如交通安全的立法如果被納入議程，那麼討論群組可能由社區團體成員、自行車騎行者協會成員、公車司機、交通運輸部門人員、車禍受害兒童的父母、汽車駕駛協會成員等組成。

第三階段：將全部建議提交至評審委員會（Review Panel）。每一個公共政策領域都應設置一個相應的評審委員會。例如，交通安全的立法提議由負責易行性的評審委員會進行評審。它們類似於目前各國議會中的委員會，本身沒有立法權，也不能進行投票，像雅典的五百人議事會一樣僅負責一些中間工作。根據波利西斯的設想，評審委員會從毛遂自薦者中隨機選出約一百五十名成員，被選中之人將負有重大責任。成員們的任期為三年，工作模式為全職，作為回報，他們將獲得一份與議員目前工資大致相當的合理酬勞。他們不會一次性全部輪換，而是分批輪換，每年換五十人。

為避免權力集中於評審委員會，需要有第四個至關重要的機構——政策陪審團（Policy Jury）。評審委員會將法律草案遞交至政策陪審團，這是波利西斯模型中最引人注目的機構。它沒有永久性的成員，每次要就一個提案進行投票表決時，隨機抽選的四百名公民會進行為期一天的投票活動。如遇特殊情況，他們的工作時間會長達好幾天甚至一個星期。重點在於這些陪審員的產生方式是在全體成年公民中隨機抽選，而不是在志願者中選出；這讓我們聯想起訴訟中的公民陪審團機制。公民如被抽中，若無正當理由，就必須參與秘密投票，這對於確保公民代表的代表性極為關鍵。因此，參與者會獲得相當可觀的酬勞。政策陪審員們先聽取評審委員會的法律草案，再聆聽種種支持與反對的客觀論證，最後進行秘密投票表決。他們不會探討法律條文，不受政黨規章約束，不會承受團體壓力，無須考慮投票策略，也不需要做政治上的討價還價，更不存在朋友情面。每個人都可以聽從自己內心的聲音，在波利西斯看來，這在長遠上最有利於公共利益。為避免魅力型演說家影響他們的決定，法律草案會由不偏不倚的合作夥伴介紹說明。在這種情況下，一個良好的全社會代表性樣本可以完全表達自己的意見，所以政策陪審團的決定是具有法律效力的。

為確保全過程的有序進行，波利西斯提出另外兩個機構作為補充：規則委員會（Rule Council）和監督委員會（Oversight Council）。這兩個團體的成員也是抽籤選出的；前者負責創建抽籤、聽證、投票的程序，後者則負責敦促公職人員正確執行程序，並審查可能的抗議。因此它們具有政治元功能（meta-political），一個是遊戲規則的制定者，一個是遊戲規則的捍衛者。規則委員會的成員可從此前已被其他機構抽籤選中的人中隨機挑選，所以他們對整個運作過程瞭若指掌。

這一民主模式的獨特之處在於它會演變進化。「一個關鍵點是整個部署不過是計畫的開始，」波利西斯在一封通信中寫道：

> 它會依照規則委員會認為最適切的方式演變。我希望設定為鐵律的唯一規章是規則委員會絕不能自行擴展權力。因此，我們或許應制定這樣一條基本準則：除非規則委員會的委員被全部替換，否則其做出能夠影響

自身機構的規則變化不能生效。另外，制度實施一段時間後，規則委員會成員可限制於先前已在其他隨機選出的機構中服務過的毛遂自薦者，再從中抽選。[120]

波利西斯沒有周詳細緻地預先構建一整套規則，而是提出了一個「自學」的體系。這一設想的特別之處在於，人們長久以來在效率與合法性之間尋求平衡的孜孜追求，在這裡變成了一個僅以抽籤為基礎的體系。普通民眾可以自薦參與六個機構中的五個，這無疑可以注入更多的活力（利益討論群組甚至都無須抽籤，任何感興趣的公民都可參與其中）。而最終的判決，即決策的終決權，掌握在政策陪審團（代表性樣本）手中，這對於確保合法性至關重要。總而言之，任何自認有能力為社會服務之人都有機會參與協商討論，但做出最終決策的是共同體。

在十八世紀末，人們沒有料想到可以在支持率和行動力上達成這樣的平衡。美、法兩國的革命者都認為公共事務極為重要，不能將其交予人民，進而都選擇了貴族制的選舉，把效率放在了合法性之前。我們現在都為此付出了代價：人民怨聲載道，對選舉代議制的合法性提出了強烈的質疑。

波利西斯的構想真是振奮人心。他展示了如何以完全不同的方式來推行民主。他借鑑了古雅典的制度，但在採納其民主程序時又相當謹慎。他大量參考了關於審議民主的最新研究，詳細分析了各國抽籤式民主的經驗，所以明白這些獨特模式中可能存在的陷阱。他制定了一個制衡體系，以免國家掉入那些陷阱淪為集權制。最值得注意的是，他讓政治生活重新回歸人民：治理者和被治理者間的精英主義劃分徹底消除了。我們回到了亞里斯多德的理想政體，即人人可以輪番做管理者和被管理者。

接下來我們要何去何從呢？學者們已經開展了傑出的溯源研究，政治哲學家們都做得非常出色，我們也已經進行了大量的創新實踐，幾項完美的提案也已經成形，其中以波利西斯的最具前景。下一步該做什麼呢？

波利西斯的模式是可以演變進化的，但前提是要被落實，而如何從現有體系過渡到他提出的制度仍是未知。他在一篇與同事大衛・謝克特共同完成的文章中，提出這個模式可「以多種方式展開」：

1制定一部法律（就像不列顛哥倫比亞省的公民討論會一樣）。

2制定某一議題領域的全部法律（例如，一個領域極具爭議性，所以選舉產生的官員更願意將它委託給公民；或者立法者在任期限制、薪酬、選舉法等議題上存在利益衝突）。

3提高公民動議或全民公投的審議品質。

4用新機構替換選舉產生的兩院制議會之其一。

5執行全部的立法過程，取代選舉立法。[121]

如果我們將這五個方面視為歷史性變革的五個步驟，那會如何呢？為何不謹慎地開始，熱情洋溢地結束呢？閱讀波利西斯與謝克特的這篇文章時，我感覺這一過程已經以某種方式開始了。第一階段在加拿大展開，第二階段在愛爾蘭上演，第三階段持續時間最長且仍未結束。第四階段和第五階段是最具挑戰性的，我們還沒有向它們跨出步伐。要系統性地實踐波利西斯的模式（第五階段），現在還為時過早。除非面臨革命的威脅，否則政黨不會迅速解散，不會為多體抽籤制讓路，但展開第四階段的時刻即將到來。

❖呼籲雙代表制

民主制猶如泥土，它由時間塑造而成，其具體形式往往受到歷史環境影響。作為一種協商占據中心地位的政體，民主對可使用的溝通方式極其敏銳。口語文化是古雅典民主制的一部分。十九世紀以及二十世紀的選舉代議民主制在印刷時代（報紙和其他單向媒體，如收音機、電視和網際網路1.0等的時代）盛極一時。而現在，我們每個人都有表達的能力，而且溝通是快速、分散的，這帶來了新的政治參與方式。什麼樣的民主制才適合我們這個時代呢？[122]

現在，全體公民都能表達自己的意見，都能在網上發言，政府當局應如何處理與公民的關係呢？首先，他們不應不信任公民，而應該與公民愉快地相處。因為在普遍存在於公民們的真實生活中及網上的憤怒背後，隱藏著一個積極的面向，即公民的投入。這是一份帶刺的禮物。但如果當局對之冷眼相待，就會帶來糟糕的後果。其次，政府要學會放手。不要為公民代勞一切，他們既不是孩子，又不是客戶。在第三個千禧年之初，民與官之間的關係是更加水平式的。

醫生應學會處理與患者的關係，後者總是喜歡自己在網路上查找病症。雖然這起初似乎是成問題的，但現在變成了好事一樁：賦權可以促進患者的治癒。在政治領域，權力關係的改變也大體如此。過去，只要手握權力，就可以擁有話語權。但現在人們正是因為有了話語權才獲得了權力。領導層不再是以人民的名義做出決策，而是與人民一起設定流程。如果政客把獨立自主的人民當作選舉的牲口來對待，那麼人民就會像牲口一樣活動；如果政客把人民當作成人，人民就會像成人一樣行事。治理者與被治理者之間的關係不再是父母與子女間的關係，而是成人與成人間的關係。政客們應看看帶刺鐵絲網裡的禮物，給予公民信任，認真對待他們的感情，珍視他們的經驗；應邀請公民參與公共生活，賦予公民權利。為了讓所有人享有平等的權利，我們應實行抽籤。

我認為，再次採用抽籤可以挽救民主制於全面危機之中。和選舉一樣，抽籤並非靈丹妙藥，也不是完美的藥方，但它可以矯正現行制度中的部分缺陷。抽籤並非有悖於邏輯，它建立在以下邏輯之上：有意識中立的程序能平均分配政治機會，還可以避免不和。如果在遴選時訴諸抽籤，我們就可以降低腐敗的風險，消除選舉的狂熱，加強對公共福祉的關注。抽籤選出的公民或許不具備職業政客的才能，但他們擁有民主程序中至關重要之物：自由。歸根結底，他們不用顧忌贏得選舉或是再次當選等事務。

因此，在現在這個階段，不將立法權全部交給選舉產生的公民，而是把其中一部分分配給抽籤挑選的公民，這是理智的。如果我們認為在刑事司法制度上可以實行抽籤，那麼在立法時為什麼不可以呢？這可以在一定程度上恢復社會平靜。選舉產生的公民代表（我們的政客們）不再受商業媒體和社交媒體的驅使，而是與第二議會一起；第二議會毫不關心選舉的狂熱和關注度等問題，而是將共同和長遠的利益放在首位，人們可以自由發言，但並不是因為這些人優於其他公民，而是因為形勢讓個人身上的長處得到了體現。

民主不是讓最優者掌權的制度；那樣的制度是貴族制，即使政客是選舉出來的也一樣。我們可以選擇這種體制，但我們應該立刻改變對其的稱謂。

民主與之相反，給予不同的人話語權，民主制才能繁榮發展。而關鍵點是每個人做決策的平等權利，就像美國哲學家艾力斯・葛雷諾（Alex Guerrero）最近所說：「就政治管轄權而言，每一個人都應有平等的參與權，以確定該政治機構將採取何種政治行動。」[123] 簡言之，就是一個人可以既為治理者又為被治理者，要有一個民有的政府、一個民享的政府，還要有一個民治的政府。

但我們離這個目標仍然很遠。「公民們不具備這種能力。」「政治，太難了！」「白癡當權了！」「賤民當權？當心！」如此等等。在繼續前行之前，我們需要看看最常見的反對抽籤的論點：未經選舉產生的公民代表都是無能之輩。這種批評有其積極的一面，表明不少公民非常注重民主制的品質。如果國家的民主革新沒有引起人民的質疑，國家就面臨不幸，因為這意味著人民的憂國之情被海浪淹沒，意味著他們被淡漠支配。人民不能對民主制度的未來展開冷靜的討論也是國家的災難，因為這意味著人民都變得歇斯底里。

關於抽籤的觀點往往會引起人們的普遍恐慌，這表明實行了兩個世紀的選舉代議制與階級觀念已使一種想法深入人心——它們讓民眾認為公共事務只能由出眾之人管理。我在這裡就一些反對意見做一些回應。

• 我們應意識到，今天用來反對抽籤選出的公民的理由，基本上與曾經用來反對農民、公民與女性應享有投票權的理由一樣。在那時，反對者們宣稱，如果那些人享有投票權，民主就會終結。• 毫無疑問，選舉出來的議會在技術能力上優於抽籤產生的議會。但每個人都是自己生活中的專家。一個全由高水準但幾乎不知道麵包價格的法學家組成的議會又有什麼好處呢？抽籤可以讓我們的立法機構擁有更具代表性的人口樣本。

• 更何況，選舉出來的人並非總是才能突出。否則他們為什麼還需要助理、研究員以及研究部門等？為什麼部長們可以三天兩頭地調換部門？難道不是因為他們身邊有一個為其提供技術支援的專業團隊嗎？

・抽籤選出的代表不會孤軍奮戰：他們可以邀請專家，可以仰仗專業人士，還可以諮詢公民們的意見。此外，他們會有一段時間來熟悉工作，政府部門也會為他們提供相關資料。

・抽籤選出的公民不必為黨派活動、競選運動、在媒體前露面等煩心，所以相比選舉選出的同事，他們可將更多的時間用於立法議會。他們可以全身心地專注於立法工作：熟悉各類材料，聆聽專家意見，並與其商量切磋。

・每個人都有機會展現自己的才幹與雄心。所有自認為有能力承擔重大行政責任的人，都可以向議程設置委員會、評審委員會、規則委員會以及監督委員會毛遂自薦。任何就某項立法有具體想法的人都可以在利益討論群組中發言陳情。喜歡清靜的人如果被選中在一天或幾天內參加政策陪審團也會欣然接受，就和在不關注政治時去投票一樣。

- 抽籤選出的刑事審判陪審團證明，公民一般而言非常看重自己的職責。害怕這種議會會不謹慎、不負責任是毫無根據的。我們如果認同十二人的陪審團會盡心盡責地裁決該釋放還是監禁一個公民，那麼同樣可以相信一個更大的團隊會負責任地為共同利益服務，而且他們是具備這一能力的。
- 公民討論會的種種經驗表明，抽籤選出的參與者往往竭盡全力，富有建設性，而且能提出洞察入微的建議。那麼他們沒有任何不足之處嗎？當然不是。但選舉代議制也有缺陷，其法律也難以做到周全完美。
- 遊說團體、智庫以及各類利益集團都能影響決策，但對於是否給予與政策最為休戚相關的普通民眾最後決定權，我們卻猶疑不決。我們為何不承認這個事實？

• 此外，由抽籤選出的公民組成的議會並非唯一的議會。在此類民主制中，立法將是抽籤選出的公民代表和投票選出的公民代表共同合作的成果。白癡當權？人們當然可以堅持此點，但這些「白癡」不會成為專制統治者。

在使用谷歌地圖時，人們可以選擇地圖，也可以選擇衛星照片；使用地圖可以更好地規劃路線，選用衛星照片則能更好地觀察周邊環境。民主也與之類似。人民代表就是一張社會地圖，是複雜現實的一種簡化反映。由於未來的草圖是根據這張地圖繪製的（政治如果不是繪製未來，那又是什麼呢？），所以這張社會地圖應盡可能詳盡細緻，地形圖和航拍照片應互為補充。今天我們應選擇雙代表制，即抽籤與選舉相結合的代表制。二者各有所長：政客以才幹見長，而普通民眾自由自在，無須憂心當選問題。所以，應選舉模式和抽籤模式雙管齊下。

雙代表制就是罹患「民主疲勞症候群」的諸國最好的藥劑。當統治者和被統治者兩種角色不再涇渭分明時，他們就不再那麼相互不信任了。一方面，因為抽籤而獲得權力的公民瞭解了政治協商的複雜性（抽籤有助於民主制成長）。另一方面，政客們發現自己輕視了民眾，曾誤以為民眾不具備做出理性、積極的決策的能力。他們發現，如果民眾從一開始就參與協商，一些法律就會更容易通過；更多的民眾支持讓決定性的行動更容易發生。總之，雙代表制無論對統治者還是被統治者都是一種良好的療法。

或許這種雙代表制會最終被一種完全依靠抽籤的制度取代（波利西斯的第五階段）。民主是一個持續發展並不斷完善的過程。但就目前形勢來說，這種抽籤和選舉的結合是最好的方法。它汲取了民粹主義傳統的精華，即渴求真正的人民代表，但又沒有陷入將人民視作單一群體的危險幻想。它融合了專家治國的優點，即重視非選舉產生的專家，但並不給予專家們最終話語權。它繼承了直接民主的優良傳統，即注重參與協商的水平式交流文化，但又拒絕了其反議會制的思想。它重新評估了古典代議民主制的最好面向，即正視讓治理得以實現的選舉代表的重要性，但又避免了與之相伴的對選舉的盲目崇拜。雙代表制結合了各種制度的長處，從而增強了合法性，實現了高效化：被統治者對政府的認同感越強，統治者就越能果斷地行使權力。所以，雙代表制能讓民主之舟航行在更加平靜的海面上。

這樣的轉型何時才能開始？就是現在。從何處開始？就從歐洲。為何？因為歐盟具有極大的優勢。何以見得？因為歐盟為勇於動搖民主制根基、敢於進行變革創新的成員提供了保護。

政治變革總是一項冒險事業。從地方層面來說，只有直到國家政府對這樣的活動明確表示鼓勵支持的時候，城市與市政委員會才會大範圍地呼籲民眾參與協商。而歐盟應想方設法刺激和鼓勵成員國進行此類卓有成效的實驗，畢竟歐盟是率先大規模地使用抽籤選出代表並推行審議民主的機構。[124]

此外，歐盟還將二〇一三年命名為「歐洲公民年」。如果民主制在這麼多成員國中都垮臺了，那麼歐盟的偉大民主理想又有何意義呢？

南歐的歐盟成員國（希臘、義大利、西班牙、葡萄牙和賽普勒斯）的民主危機喚醒了後民主的幽靈。在匈牙利和希臘，所謂的「秘密法西斯」運動很長一段時間以來都完全不是「秘密」。在義大利和希臘，專家治國論一時間大行其道。在荷蘭、法國和英國，民粹主義是民主制的重要組成部分。而在不久前，比利時在長達一年半的時間裡沒有政府。此類情況不一而足。

因此，若在比利時首次實行雙代表制將具有重大的意義。其他歐盟成員國也出現了「民主疲勞症候群」的症狀，但其嚴重程度都不及比利時：在二〇一〇年的選舉後，比利時花費了五百四十一天才形成管理國家的團隊，這絕對打破了世界紀錄。此外，目前沒有哪個國家比比利時更加具備採用抽籤的良機。比利時自二〇一四年以降一直沒有透過直接選舉產生參議院。從聯邦層面來說，立法權從此就落在眾議院肩上了。與此同時，很大一部分國家權力在近幾十年被移交至更低的行政層級，如法蘭德斯大區、瓦隆大區、布魯塞爾大區及德語區。[125]為了各級政府可以在形式上相互溝通聯繫，參議院在向反省室的方向發展，也就是地區政府的會晤之地。如果說比利時參議院在以前類似於英國上議院，是比利時貴族階層的專屬之地，那麼它現在更像是美國參議院那樣的體現地區多樣性的議會。在六十名議員中，有五十名來自地方議會，另外十位由推選產生。選舉產生的參議員數量有所減少：在一八三〇年，全體議員都是透過直接選舉產生的；而今天的議員都不是選舉出身，這為抽籤挑選提供了可能性。隨著各國相繼修改憲法，民眾逐漸熟悉了直接選舉並非組建全國議會的絕對先決條件這一思想。如果說抽籤代議民主制可以在歐盟成員國的某個機構實現，那它一定是近期經歷過改革的比利時參議院。[126]

在實行雙代表制後，比利時參議院完全可以僅由抽籤挑選的公民代表組成，而眾議院可以繼續為選舉產生的公民代表保留席位。我現在並不是要追問該有多少位議員、抽籤該如何開展、這樣組建的參議院該有哪些權力、議員的任期該為多長，以及支付給他們多少酬勞才算合理。更為重要的是研究如何逐步引入多體抽籤制。有了歐盟的堅定支持，比利時的國家政府就可以在制定法律（例如確定聯邦國家將保留哪些權力）時首次使用抽籤。要做到這點，須組織幾個利益討論群組、一個評審委員會以及一個政策陪審團，且政客應提前決定如何處理它們的協商結果：利益討論群組提交的建議是否具有約束力？它們何時能獲得法律效力？

如果經驗證明這一制度有效可行，那麼抽籤模式就可以推而廣之，擴展至特定的政治領域，尤其是那些太過微妙以至於政黨政治無法有效處理的領域（波利西斯的第二個階段）。正因如此，愛爾蘭的憲法大會才關注同性婚姻、婦女權益、瀆神及選舉法等問題。在比利時，人們則用憲法大會來處理環境問題、政治避護與移民問題以及不同語言社群的問題。要實現這一計畫，就要組建議程設置委員會、規則委員會以及監督委員會，讓公民協商討論成為群島般的政府的永久組成部分：在新型民主制度中，多個島嶼相互溝通，努力開創新局面。[127]在下一個階段，政客將決定是否永久性地用抽籤方式挑選公民參與協商討論，並隨之出臺必要的新措施：參議院將被改革為由多個機構組成的立法機構（波利西斯的第四個階段）。

比利時可以成為歐洲首個實行雙代表制的國家。愛爾蘭和冰島都抓住了近些年經濟和金融危機提供的機會，大膽地修改憲法，讓普通民眾更多地參與協商；比利時也應借助這些年的政治危機提供的契機，重振民主制度。其他國家也可以進行類似試驗，例如：葡萄牙，它遭受著經濟和金融危機，且作為一個年輕的民主制國家它嘗試過參與式預算；愛沙尼亞，它也是一個年輕的民主制國家，面臨著應賦予其國內少數俄羅斯人何種地位的巨大難題；克羅埃西亞，作為歐盟最為年輕的成員國，它大力支持公民參與協商和良好治理；荷蘭，它舉辦過選舉制度公民論壇（Electoral System Citizens Forum），有著公民參與協商的悠久傳統（荷蘭人稱其為 polderen，字面意思是

「開墾」，即尋求共識）；等等。我個人認為，從相對較小的成員國開始採用雙代表制是更為明智與合理的。

現在看來，這一提議並不像最初看上去那樣極端脫離現實。一些抽籤選出的公民已經獲得權力，而在幾年內，隨機抽樣的民意調查在歐洲各國，將從測量政治氣候的中立晴雨錶，變成各政黨用來調整所傳達資訊的至關重要的政治工具。它們不僅能測量一個政黨、一位政客或一項舉措是否廣受歡迎，而且本身就是政治事實。治理者賦予民意調查重大價值，決策者將其納入考慮範圍，所以它們能施展巨大的影響力。人們之所以提議使用抽籤，不過是為了讓已有的民主程序更加透明而已。

那麼，我們還在等什麼？

結論

我們的民主因為局限於選舉，正逐漸趨於毀滅，而選舉最初產生的目的，卻從來不是作為民主的工具。這句話總結了我在前三章發展的論點。在第四章，我探討了如何重新推行一個歷史上更為民主的工具：抽籤。

但如果沒有任何改變發生呢？如果各國政府、政黨以及政客都提出：「抽籤確實不錯，但我們這些年為人民做的事還不夠多嗎？難道我們沒有想出不計其數的新民主工具嗎？」他們所言非虛。在越來越多的國家，憤懣不滿的人都可以向申訴專員提出控訴；有想法的公民時常可以透過公投表達自己的意見；任何人徵得了足夠數量的其他公民簽名，都可以將議題以「公民倡議」的形式提上議程。這些公民參政形式都是近幾年才問世的，在此之前，政府主要與工會、理事會、委員會以及自己進行對話。

這些新型民主工具確實極具價值，尤其有組織的公民社會已經失去原有話語權，但它們還遠遠不能滿足所需。公民倡議活動像放瓶裝牛奶一樣把人民的需求放在了立法者的門口，但僅此而已。公投讓人民接住一項別人從窗戶扔出來的、已經完全擬定好的法律提案，然後他們才可以無所顧忌地衝向自己喜歡的議案。公民和申訴專員間的對話在花園裡展開，這離立法流程距離尚遠。（可以將申訴專員看作政府雇用的園丁：他時不時地與鄰居們閒聊一番，側耳傾聽他們的種種煩惱。）

這些工具當然都是新型的，但它們仍小心謹慎地將普通民眾排除在外。立法機關的大門和窗戶仍緊鎖著，無人能自由進出，哪怕從其一旁的貓門也無法進入。在當前經濟和金融危機的背景下，這種對民眾的恐懼應為我們敲響警鐘。政治把自己關在高牆林立的城堡之中，戰戰兢兢地躲在裡面觀察著大街上的喧嘩嘈雜，這絕非有益的態度，只會增加公民的不信任，並引起進一步的社會動盪。

如果不進行大幅度的調整，這一制度很快就會油盡燈枯。眼下，選民棄票率越來越高，政黨成員們紛紛退黨，普通民眾對政客們不屑一顧，形成政府團隊困難重重，政府運轉效率低下，任期結束後選民嚴厲苛責，民粹主義、專家治國論以及反議會制大行其道，希求更高參與度的公民越來越多，而他們的嚮往之情加速地轉變為沮喪失望。此刻，我們就該意識到，我們的民主機器已經出現了太多故障。然而，留給我們進行改革的時間非常有限。

解決辦法相當簡單：要麼政治主動把大門完全敞開，要麼憤怒的人民立馬衝破大門，他們高喊著「沒有參與就不得徵稅」的口號，衝進來打碎民主制的傢俱，摘下權力的水晶吊燈。

這可絕非憑空捏造。在本書即將付梓之際，非政府組織透明國際（Transparency International）發布了最新的「全球貪腐趨勢指數」（Global Corruption Barometer），其調查結果讓人震驚不已。該報告顯示，各國政黨是最為腐敗的政治機構。在西方所有民主機構中，政黨位列腐敗貪污之榜首，而歐盟的相關資料也不堪入目。

這一現狀還會持續多久？當然不會太久。如果我是政客，我會寢食難安。作為一名熱情的民主主義者，我已感到難以成眠。這是一顆不定時炸彈，目前看來我們的國家似乎風平浪靜，但這是暴風雨前的寧靜，猶如一八五〇年工人問題似乎已得到妥善解決時的寧靜，即長期嚴重不穩定前的寧靜。那時是要爭取投票權，而現在是要為發言權而奮鬥，但從本質上講，兩場戰鬥都要爭取政治解放、民主參與。我們必須將民主去殖民化。我們必須將民主民主化。

還是那句話：我們還在等什麼？

致謝

本書的寫作緣起於二〇一二年夏天的一次旅行。去年我自西向東穿越庇里牛斯山時，被一場久久瀰漫在山間的大霧困在了巴斯克一個名叫阿爾迪德的小村莊，在村裡一所破舊的學校裡，我邂逅了一本盧梭的《社會契約論》。他論述抽籤的段落讓我很是動容，於是我將其摘錄到了日記中。在接下來的幾個星期裡，我走路時都在回味那些文字。正是在我爬山的漫長旅途中，它們為我搭建起了本書的框架。然而，本書不是「一個孤獨的漫步者的遐想」，而是由我閱讀、旅行以及聆聽的經歷交織而成的。

如果沒有加入 G1000 公民高峰會的那段經歷，我不可能寫作本書。二〇一一年二月我決定啟動一個宏大的專案，以促進比利時公民參與政治，但當時完全沒有想到它會發展得如此風生水起，也沒有想到它能讓我受益良多。

所以，我非常感謝該組織背後非常鼓舞人心的團隊。在此之前我們幾乎素昧平生，但這個團隊總是讓我感受到溫暖，讓我看到他們的才幹以及熱情。專欄作家 Paul Hermant 最先讓我對抽籤模式產生興趣。憲法學專家 Sébastien Van Drooghenbroeck 在我們初次見面時就跟我談起馬南的研究進展。我們的方法論學者 Min Reuchamps 和 Didier Caluwaerts 剛剛以研究審議民主的論文獲得了博士學位，他們向我講述了費希金的實驗。我們的倡議活動組織者 Cato Léonard 來自電信部門。在多次籌款活動中我們都乘坐汽車來回，途中她讓我注意到「共同創造」以及利益相關者的管理在商業活動中越來越重要。我充滿渴望、滿懷熱忱地和他們交談，這些記憶於我而言非常珍貴。此外，和 Benoît Derenne 的談話也讓我感到非常愉快。他是 G1000 公民高峰會的法語區發言人，而我是該組織的佛蘭芒語區發言人。他在創立「未來世代基金會」後，又在組織區域和歐洲層面的公民參與方面積累了大量的實踐經驗。作為一位瑞士裔比利時人，他經常有令人耳目一新的關於民主的想法，比如在一次會議上，他大聲地自問道：為何不能透過抽籤選出一些參議員？

此外，我還要感謝 G1000 公民高峰會的諸多成員，他們分別是 Peter Vermeersch、Dirk Jacobs、Dave Sinardet、Francesca Vanthielen、Miriana Frattarola、Fatma Girretz、Myriam Stoffen、Jonathan Van Parys、Fatima Zibouh：他們不僅是優秀的交談對象，也是我的知己好友。Aline Goethals、Ronny David、François-Xavier Lefebvre 以及許多其他人一路上幫我分擔重任。這篇致謝並非特意用於感謝這一計畫成百上千的義工、數以千計的捐助者以及一萬二千餘名支持者，但我仍想在此特別感謝二〇一一年公民高峰會和二〇一二年公民討論會的所有參與者。最重要的是，他們讓我相信，公民能夠且願意攜手合作，創建民主美好的未來。

早在二〇一一—二〇一二學年於萊頓大學任教期間，我就開始構思本書。作為榮譽教授，我被要求本著偉大而勇敢的 Rudolph Cleveringa 教授（他在一九四〇年發表了反對解雇有猶太血統的教職人員的言論）的精神，思考法律、自由以及責任等問題。我的就職演講題目是〈即將窒息的民主：「選舉原教旨主義」的危險〉。我還想要感謝 Deacons 學院，特別是已故的前考古系主任 Willem Willems 以及前院長 Paul van der Heijden，非常感謝他們的信任。我還要感謝榮譽學院的全體學生，感謝他們對阿富汗等非西方國家的選舉、民主化等問題的調查研究工作。此外，比利時學者 Philippe Van Parijs、Chantal Mouffe、Min Reuchamps、Paul De Grauwe 等讓我有機會談論自己的看法，我衷心地感謝他們。

在國外的旅行中，我有幸會見了諸多政治學家和民主活動分子。在荷蘭，Josien Pieterse、Yvonne Zonderop、Willem Schinkel 讓我受益匪淺。德國的 Carsten Berg 和 Martin Wilhelm、奧地利的 Carl Henrik Frederiksson、法國的 Inga Wachsmann 和 Pierre Calame、克羅埃西亞的 Igor Štiks 和 Sre ko Horvat，以及馬來西亞的 Bernice Chauly 和 A. Samad Said 都給我留下了深刻印象。A. Samad Said 是全國的偶像、一位傳奇的詩人異議者，儘管已是八十歲

高齡，他仍在為民主不屈不撓地戰鬥。

我並不是一位看不起政治家的公民。事實上，我發現仔細聆聽像比利時參議院前議長 Sabine de Bethune 或荷蘭下議院前主席 Gerdi Verbeet 這樣的人從政治實踐的角度講述民主是很有啟發的。在籌備本書的過程中，我與多名經驗豐富的比利時政治家進行了長時間的交談。Sven Gatz、Inge Vervotte、Caroline Gennez、Jos Geysels 和 Hugo Coveliers 慷慨分享他們的經歷。我在本書中並未直接引用他們的言論，因為本書超越了比利時的語境，但他們與我分享的內容拓寬了我的視野，所以我對他們滿懷感激之情。

很多人都對我的提問給予了回答，他們分別是 Marc Swyngedouw、Marnix Beyen、Walter Van Steenbrugge、Filip De Rynck、Jelle Haemers、Fabien Moreau、Thomas Saalfeld 和 Sona N. Golder。此外，我與 Kenneth Carter 就不列顛哥倫比亞省改革選舉法的公民討論會交換了觀點，他是本次公民討論會研究工作的領頭人。我與 Eiríkur Bergmann 和 Jane Suiter 的接觸也同樣美

妙，他們與冰島的憲法議會和愛爾蘭的憲法大會有著密切聯繫。我特別感謝波利西斯和謝克特，感謝他們與我透過電子郵件就多體制抽籤制進行持續交流。同樣感謝 Iain Walker 與 Jenette Hartz-Karp 在澳洲非凡而創新的工作。

Peter Vermeersch、Emmy Deschuttere 和 Luc Huyse 閱讀了本書書稿，並一如既往地提供了富有洞察力的評論，這讓我非常高興，與他們的友誼彌足珍貴。Charlotte Bonduel 幫我做了線上研究工作，並彙編了大量的資料，能與她一同工作我深感欣慰。Wil Hansen 再次擔任了我的編輯，事實證明，他是一位了不起的顧問。在一個晴朗的日子裡，他在我的工作室裡向我建議了本書書名。他想到了蘇珊・桑塔格的《反詮釋》和保羅・法伊爾阿本德的《反對方法》，然後我們在仔細斟酌後選用了「反對選舉」這個片語。

二〇一三年七月於布魯塞爾

參考文獻

對於寫作本文最重要的一本書是馬南（Bernard Manin）的 The Principles of Representative Government（Cambridge, 1997），此外亦受惠於以下傑出著作：英國政治學家道倫（Oliver Dowlen）所撰的 The Political Potential of Sortition：A Study of the Random Selection of Citizens for Public Office（Exeter, 2009），德國政治理論及思想史教授布赫史坦（Hubertus Buchstein）的 Demokratie und Lotterie: Das Los als politisches Entscheidungsinstrument von Antike bis zur EU（Frankfurt, 2009），巴黎政治學者辛特默（Yves Sintomer）所著 Petite histoire de l'expérimentation démocratique: Tirage au sort et politique d'Athènes à nos jours（Paris, 2011）以及加拿大政治學教授（Francis Dupuis-Déri）撰述的 Démocratie: Histoire politique d'un mot aux États-Unis et en France（Montreal, 2013）。

如欲尋找更通盤的民主體制演變史，閱讀基恩（John Keane）的 The Life and Death of Democracy（London, 2009）將可獲益良多。羅桑瓦隆（Pierre Rosanvallon）的研究 Counter-Democracy: Politics in an Age of Distrust（New York, 2008）、Democratic Legitimacy: Impartiality, Reflexivity, Proximity（Princeton, 2011）、The Society of Equals（Cambridge, MA, 2011）探討層面更技術性，但同樣令人激賞。書寫古典時代民主制度最好的兩本書為漢森（Mogens Herman Hansen）的 The Athenian Democracy in the Age of Demosthenes（London, 1999）以及卡特里居（Paul Cartledge）的 Democracy：A Life（Oxford，2016）。加拉格（Michael Gallagher）、拉維（Michael Laver）、梅爾（Peter Mair）合著的 Representative Government in Modern Europe（London, 2011）極具參考價值，提供關於現今體制翔實的實際資訊。愛爾蘭政治學家梅

爾英年早逝，歿後出版文集 Ruling the Void: The Hollowing of Western Democracy（London, 2013），他的文章對我第一章的寫作影響甚鉅。

近年來學界對於支持抽籤制的主張有了不少檢視及公開討論。早在二十多年前，東安格利亞大學政治學教授古德溫（Barbara Goodwin）即發表深具影響力的 Justice by Lottery（Chicago, 1992），使抽籤式民主的核心價值重新受到重視。澳洲學者卡森（Lyn Carson）與馬汀（Brian Martin）合作撰寫 Random Selection in Politics（Westport, 1999）。最近的研究步伐更為加速，先前述及的 The Political Potential of Sortition 一書作者道倫，即為「含隨機抽選制民主學會」（Society for Democracy Including Random Selection）的發起人之一，並與德拉諾瓦（Gil Delannoi）共同編纂文集 Sortition: Theory and Practice（Exeter, 2010），亦著有更簡潔的 Sorted: Civic Lotteries and the Future of Public Participation（Toronto, 2008），免費PDF版可見 https://www.scribd.com/document/11446805/Sorted-Civic-Lotteries-and-the-Future-of-Public-Participation。波利西斯（Terrill Bouricius）目前正在寫作新書，暫定書名極具吸引力：The Trouble with Elections: Everything You Thought You Knew about Democracy is Wrong。

以下著作為恢復抽籤制提供了具體的提議：卡倫巴赫（Ernest Callenbach）與飛利浦（Michael Phillips）合著的A Citizen Legislature（Berkeley, 1985）、巴奈特（Anthony Barnett）與卡蒂（Peter Carty）合著的The Athenian Option: Radical Reform for the House of Lords（London, 1998）、蘇德蘭（Keith Sutherland）的A People's Parliament: A (Revisted) Blueprint for a Very English Revolution（Exeter, 2008）以及前述辛特默、布赫史坦的撰述。在此僅列出少數，更完整的書目可見維爾涅（Antoine Vergnes）收錄於道倫與德拉諾瓦合編選集的篇章，題為：A brief survey of the literature of sortition。我的圖5說明了最新的提議方案。波利西斯的論文'Democracy through multi-body sortition: Athenian lessons for the modern day', Journal of Public Deliberation (2013) 9, 1, article 11亦提供線上閱覽（http://www.publicdeliberation.net/cgi/viewcontent.cgi?article=1220&context=jpd）。

審議式民主的相關文獻相當繁浩，我參考的資料包括費希金（James Fishkin）的 When the People Speak: Deliberative Democracy and Public Consultation（Oxford, 2009）以及較新近的法文選集 La démocratie délibérative: Anthologie de textes fondamentaux（Paris, 2010），編者為 Charles Girard 與 Alice le Gof。

近年來出版了非常多以公民參與為主題的書籍，針對法蘭德斯的情況有 Filip De Rynck 與 Karolien Dezeure 所著的 Burgerparticipatie in Vlaamse steden: Naar een innoverend participatiebeleid（Bruges, 2009），關於法國則有 Georges Ferreboeuf 的 Participation citoyenne et ville（Paris, 2011）。以下著作則針對地方政策提供了寶貴的實用建議：荷蘭國家監察使出版的 'Wij gooien het de inspraak in'：Een onderzoek naar de uitgangspunten voor behoorlijke burgerparticipatie（the Hague, 2009），以及社區營造組織 Samenlevingsopbouw West-Vlaanderen 出版的 Beslist anders belissen: Het surplus voor besturen als bewonders het beleid mee sturen（Bruges, 2011）。King Baudouin Foundation 基金會亦撰寫了一份精彩的手冊 Participatory Methods Toolkit: A Practitioner's Manual（Brussels, 2003），線上PDF版可見：http://archive.unu.edu/hq/library/Collection/PDF_files/CRIS/PMT.pdf。

低地國（荷比盧）內正熱烈辯論著代議式民主的未來。有關法蘭德斯的討論，建議讀者參考 Thomas Decreus 的著作 Een paradijs waait uit de storm: Over markt, democratie en verzet（Berchem, 2013）以及 Manu Claeys, Stilstand: Over machtspolitiek, betweterbestuur en achterkamerdemocratie（Louvain, 2013）。至於荷蘭，我首先想到的是辛克爾（Willem Schinkel）的著作 De nieuwe democratie: Naar andere vormen van politiek（Amsterdam, 2012），以外還有 Yvonne Zonderop 的 Polderen 3.0: Nederland en het algemeen belang

（Loused, 2012）以及弗貝特（Gerdi Verbeet）的 Vertrouwen is goed maar begrijpen is beter: Over de vitaliteit van onze parlementaire democratie（Amsterdam, 2012）。最有趣的學術研究要屬二本選集：Rudy Andeweg 與 Jacques Thomassen 合編的 Democratie doorgelicht: Het functioneren van de Nederlandse democratie（Leiden, 2011）以及 Remieg Aerts 與 Peter de Goede 合編 Omstreden democratie: Over de problemen van een succesverhaal（Amsterdam, 2013）。

許多致力推動民主改革的組織在網路上特別活躍。我想到的國際網站有：

- openDemocracy.net：獨立非營利組織，屢有傑出貢獻。
- participedia.net：關於參與式民主最重要的國際網站。
- sortition.net：提供歷史文獻及許多實用連結的入口網站。
- equalitybylot.wordpress.com：活躍線上社群「kleroterians」經營的部落

格，內容豐富多元，討論抽籤制主題。

越來越多西方國家針對民主創新設立了全國性平台，其中許多網站極有意思：

- The Jefferson Centre for New Democratic Processes（美國）：如其名。
- Center for Deliberative Democracy（美國）：位於費希金任教的史丹佛大學，提供審議式民意調查的實用資訊。
- AmericaSpeaks及GlobalVoices（美國）：組織大型公民論壇；內容豐富多元的網站。
- newDemmocracy.com.au（澳洲）：大量關於抽籤制的資訊，清楚明瞭。
- We the Citizens（愛爾蘭）：愛爾蘭大型公民倡議網站。
- 38 Degrees（英國）：極具影響力的公民參與組織，成員超過百萬人。

- Mehr Demokratie（德國）：成立二十五年生猛激進依舊，致力提倡公民創制權及公投權。
- Democracy International（歐盟）：位於德國的泛歐組織，多年來推動歐洲公民倡議（European Citizens' Intiative）。
- Teknologi-rådet（丹麥）：丹麥科技委員會，設計了無以計數的參與式程序，網站皆有英語說明。
- NetwerkDemocratie（荷蘭）：荷蘭政府改革平台，包括數位科技的運用。
- G1000（比利時）：公民倡議「G1000」的網站，現隸屬未來世代基金會（Foundation for Future Generations），提供四國語言。
- King Baudouin Foundation（比利時）：備受國際敬重的組織，其深耕已久的治理計畫為重要成就。
- ¡Democracia Real YA!（西班牙）：於二〇一一年三月民眾抗爭中成立

的激進民主倡議團體。

• Association Pour une Démocratie Directe（法國）：能量豐沛的年輕組織，致力推動程序透明化。

注釋

1 http://www.worldvaluessurvey.org/WVSOnline.jsp.

2 Eric Hobsbawm, 1995: Age of Extremes: The Short Twentieth Century, 1914–1991. London, 112.

3 Freedom House, 2013: Freedom in the World 2013: Democratic Breakthroughs in the Balance. London, 28-29.

4 Ronald Inglehart, 2003: 'How solid is mass support for democracy–and how can we measure it?' Science and Politics,January, 51-57.

5 一九九九—二〇〇〇年，三三・三%的調查對象對「不必因議會或選舉之事而費盡心思」的強大領導者持贊成態度；到二〇〇五—二〇〇八年時，這一比例增至三八・一%。在公民的信任度方面，二〇〇五—二〇〇八年，五二・四%的調查對象對政府幾乎毫不信任，關於議會和政黨的這一比例分別是六〇・三%和七二・八%。http://www.wvsevsdb.com/wvs/WVSAnalizeQuestion.jsp.

6 Eurobarometer, 2012: Standard Eurobarometer 78: First Results. Autumn 2012, 14. http://ec.europa.eu/

public_opinion/archives/eb/eb78/eb78_first_en.pdf（last accessed 26 March 2016）.

7 http://www.eurofound.europa.eu/surveys/smt/3eqls/index.EF.php。關於媒體、議會和政府的資料來自二〇一二年的調查研究，關於政黨的資料來自二〇〇七年的調查研究。

8 Peter Kanne, 2011: Gedoogdemocratie: Heeft stemmen eigenlijkwel zin? Amsterdam, 83.

9 Koen Abts, Marc Swyngedouw & Dirk Jacobs, 2011:‘Politieke betrokkenheid en institutioneel wantrouwen. De spiraal van het wantrouwen doorbroken?’, in Koen Abts et al., Nieuwetijden, nieuwe mensen: Belgen over arbeid, gezin, ethiek, religieen politiek. Louvain, 173-214.

10 Luc Huyse, 1969: De niet-aanwezige staatsburger. Antwerp,154-57.

11 Michael Gallagher, Michael Laver & Peter Mair, 2011:Representative Government in Modern Europe. Maidenhead, 306.

12 http://nl.wikipedia.org/wiki/Opkomstplicht（last accessed 26 March 2016）.

13 Koenraad De Ceuninck et al., 2013:‘De bolletjeskermis van 14 oktober 2012: politiek is een kaartspel’. Sampol 1, 53.

14 Yvonne Zonderop, 2012:‘Hoe het populisme kon aarden in Nederland’. http://yvonnezonderop.nl/wp-content/uploads/2014/01/507_CP_RRadical_Dutch_web.pdf（accessed 28 March 2016）, 50.

15 http://www.parlement.com/id/vh8lnhrp8wsz/opkomstpercentage_tweede

16 Michael Gallagher, Michael Laver & Peter Mair, 2011:Representative Government in Modern Europe. Maidenhead, 311.

17 Paul F. Whitely, 2011: ‘Is the party over? The decline of partyactivism and membership across the democratic world’. PartyPolitics 16, 1, 21-44.

18 Ingrid Van Biezen, Peter Mair & Thomas Poguntke, 2012: ‘Going, going, . . . gone? The decline of party membership in contemporary Europe’. European Journal of Political Research 51, 33, 38.

19 http://nl.wikipedia.org/wiki/Historisch_overzicht_van_kabinetsformaties_（Nederland）（last accessed 28 March 2016）. See also Sona N. Golder, 2010: ‘Bargaining Delays in the Government Formation Process’. Comparative Political Studies 43, 1, 3-32.

20 Hanne Marthe Narud & Henry Valen, 2005: ‘Coalition membership and electoral performance in Western Europe’.Paper for presentation at the 2005 NOPSA Meeting, Reykjavik,August 11–13, 2005. See also Peter Mair, 2011: ‘How PartiesGovern’, lecture at the Central European University, Budapest,29 April 2011, http://www.youtube.com/watch?v=mgyjdzfcbps,from 27:50（last accessed 28 March 2016）.

21 Tweede kamer der Staten-Generaal, 2008–09: Vertrouwen en zelfvertrouwen. Parlementaire zelfreflectie 2007–2009. 31, 845,nos. 2-3, 38-39.

22 I bid., 34.

23 Hansje Galesloot, 2005: Vinden en vasthouden. Werving van politiek en bestuurlijk talent. Amsterdam.

24 Herman Van Rompuy, 2013: ‘Over stilte en leiderschap’ ,speech delivered in Turnhout on 7 June 2013, http://www.destillekempen.be/stiltenieuws/stiltenieuws/88-herman-vanrompuy-over-stilte-en-leiderschap（accessed 28 March 2016）.

25 在之前的論文 Pleidooi voor populisme（Amsterdam, 2008）中，我主張的不是更少而是更好的民粹主義。民粹主義以一種笨拙的方式表達了受教育程度較低的公民希望參與政治的長久願望。

26 Mark Bovens & Anchrit Wille, 2011: Diplomademocratie. Over de spanning tussen meritocratie en democratie. Amsterdam.

27 Cited in Raad voor het Openbaar Bestuur, 2010: Vertrouwen op democratie. The Hague, 38.

28 John R. Hibbing & Elizabeth Theiss-Morse, 2002: Stealth Democracy: Americans’ Beliefs about How Government Should Work. Cambridge, 156.

29 Sarah van Gelder（ed.）, 2011: This Changes Everything: Occupy Wall Street and the 99% Movement. San Francisco, 18.

30 For an excellent analysis: Tom Vandyck, ‘“Compromis”, een nieuw vuil woord’. De Morgen, 11 July 2011, 13.

31 I bid.

32 Lars Mensel: ‘Dissatisfaction makes me hopeful’, interview with Michael Hardt. The European, 15 April 2013.

33 Lenny Flank（ed.）, 2011: Voices From the 99 Percent: An Oral History of the Occupy Wall Street Movement. St Petersburg,Florida, 91.

34 關於「占領華爾街」運動的早期著作都非常自以為是。As well as the collections edited by van Gelder and Flank, I read Todd Gitlin, Occupy Nation: The Roots, the Spirit and the Promise of Occupy Wall Street （New York, 2012） and the work of the collective Writers for the 99%, called Occupying Wall Street:The Inside Story of an Action that Changed America （New York,2011）.

35 Sarah van Gelder（ed.）, 2011: This Changes Everything: Occupy Wall Street and the 99% Movement. San Francisco, 25.

36 Mary Kaldor & Sabine Selchow, 2012: ‘The “bubbling up” of subterranean politics in Europe’. Report, London School of Economics and Political Science, June 2012, 10 （last accessed online at http://eprints.lse.ac.uk/44873/1/The%20%E2%80%98bubbling%20up%E2%80%99%20of%20subterranean%20politics%20in%20Europe（lsero）.pdf, 28 March 2016）.

37 I bid., 12.

38 V.I. Lenin, 1917 （1976）: The State and Revolution, Beijing, 23-24 & 41. Also available at https://

www.marxists.org/archive/lenin/works/1917/staterev/ch03.htm.39 Chris Hedges & Joe Sacco, 2012: Days of Destruction, Days of Revolt. New York, 232.

40 Pierre Rosanvallon, 2012: Democratie en tegendemocratie,Amsterdam, 54.

41 Thomas Frank, 2012: ‘To the Precinct Station. How theory met practice . . . and drove it absolutely crazy’, The Baffler no. 21.

42 Willem Schinkel, 2012: De nieuwe democratie: Naar andere vormen van politiek. Amsterdam, 168.

43 Stephane Hessel, 2013: A nous de jouer: Appel aux indignes de cette Terre. Paris, 63.

44 Christoph Mielke, 2012 : “The German Pirate Party: Populists with Internet access or a game-changer for German politics? “, APCO/Forum, www.apcoworldwide.com/forum.

45 http://www.g500.nl

46 Fiona Ehlers et al.: ‘Europe’s lost generation finds its voice’.SpiegelOnline, 13 March 2013.

47 例如，通過他們的「液體回饋」（Liquid Feedback）軟體和「代表性」民主這一概念。

48 David Van Reybrouck: ‘De democratie in ademnood: de gevaren van electoraal fundamentalisme’. Cleveringa lecture,University of Leiden, 28 November 2011.

49 Pierre Rosanvallon, 2008: Democratic Legitimacy:Impartiality, Reflexivity, Proximity. Princeton, 21-22, 55-56.

50 Edmund Burke, 1774:‘Speech to the Electors of Bristol’. presspubs.uchicago.edu/founders/documents/v1ch13s7.html.

51 Jean-Jacques Rousseau 1762（1947）, The Social Contract, New York, Book IV, Chapter II（eighteenth-century translation,revised and edited by Charles Frankel）, 94.

52 Lars Mensel:‘Dissatisfaction makes me hopeful’, interview with Michael Hardt. The European, 15 April 2013.

53 Colin Crouch, 2004: Post-Democracy. Cambridge, 4.

54 Marc Michils, 2011: Open boek. Over eerlijke reclame in een transparante wereld. Louvain, 100-01.

55 Jan de Zutter, 2013:‘Het zijn de burgers die aan het stuurzitten’. Interview with Jan Rotmans. Sampol 20, 3, 24.

56 對古雅典民主制的興趣的再次興起，可歸因於一部對西元前四世紀的資料展開詳細分析的著作，該著作為六卷本，其英文譯本來自：M. H. Hansen, The Athenian Democracy in the Age of Demosthenes（Oxford, 1991）。

57 Bernard Manin, 1995（1997）: The Principles of Representative Government. Cambridge, 1, 94, 236.

58 See Bibliography.

59 Aristotle, 350 bc（1885）, Politics, Oxford, vol. 1, book four, part IX & book six, part II （translated

by Benjamin Jowett）, 124, 125,189.

60 Terrill Bouricius, 2013: ‘Democracy through multi-body sortition: Athenian lessons for the modern day’. Journal of Public Deliberation 9, 1, article 11.

61 Miranda Mowbray & Dieter Gollman, 2007: ‘Electing the Doge of Venice: analysis of a 13th century protocol’. www.hpl.hp.com/techreports/2007/HPL-2007-28R1.pdf（last accessed 29 March 2016）.

62 Yves Sintomer, 2011: Petite histoire de l'experimentaion democratique: Tirage au sort et politique d'Athenes a nos jours.Paris, 86.

63 Hubertus Buchstein, 2009: Demokratie und Lotterie: Das Lot als politisches: Entscheidungsinstrument von Antike bis zur EU.Frankfurt, 186.

64 Montesquieu, 1748（1989）, The Spirit of the Laws, Cambridge,book II, chapter II（translated by Anne M. Cohler, Basia Carolyn Miller & Harold Samuel Stone）, 13-14.

65 Jean-Jacques Rousseau 1762（1947）, The Social Contract, New York, book IV, chapter II（eighteenth-century translation,revised and edited by Charles Frankel）, 97-98.

66 Bernard Manin, 1995（1997）: The Principles of Representative Government. Cambridge, 79.

67 Montesquieu, 1748（1989）, The Spirit of the Laws, Cambridge,book II, chapter II（translated by Anne M. Cohler, Basia Carolyn Miller & Harold Samuel Stone）, 10.

68 John Adams, 1851: The Works of John Adams. Boston, vol. 6, 484.

69 James Madison, 1787: Federalist Paper no. 10. http://press-pubs.uchicago.edu/founders/documents/v1ch4s19.html （last accessed 29 March 2016）.

70 Cited in Francis Dupuis-Deri, 2013: Democratie: Histoire politique d'un mot aux Etats-Unis et en France. Montreal,138.

71 I bid., 149.

72 Howard Zinn, 1999（2015）: A People's History of the United States. New York, 90.

73 Francis Dupuis-Deri, 2013: Democratie: Histoire politique d'un mot aux Etats-Unis et en France. Montreal, 87.

74 For a thorough analysis, see Howard Zinn, A People's History of the United States （New York, 2005） and Francis Dupuis-Deri,Democratie: Histoire politique d'un mot aux Etats-Unis et en France（Montreal, 2013）.

75 James Madison, 1788: Federalist Paper no. 57. http://presspubs.uchicago.edu/founders/documents/a1_2_3s16.html（accessed 29 March 2016）.

76 Bernard Manin, 1995（1997）: The Principles of Representative Government. Cambridge, 116-17.

77 Cited in Francis Dupuis-Deri, 2013: Democratie: Histoire politique d'un mot aux Etats-Unis et en

France. Montreal, 155.English original available at http://press-pubs.uchicago.edu/founders/print_documents/v1ch15s61.html

78 Cited in Keith Michael Baker, 1990: Inventing the French Revolution. Cambridge, 249.

79 Francis Dupuis-Deri, 2013: Democratie: Histoire politique d'un mot aux Etats-Unis et en France. Montreal, 112.

80 Edmund Burke, 1790: Reflections on the Revolution in France.www.constitution.org/eb/rev_fran.htm（last accessed 29 March 2016）.

81 Cited in Andrew Jainchill, 2008, Reimagining Politics After the Terror: The Republican Origins of French Liberalism.New York, 43.

82 Cited in Francis Dupuis-Deri, 2013: Democratie: Histoire politique d'un mot aux Etats-Unis et en France. Montreal.156.

83 Cited in Yves Sintomer, 2011: Petite histoire de l'experimentation democratique: Tirage au sort et politique d'Athenes a nos jours.Paris, 120.

84 Alexis de Tocqueville, 1835 & 1840（1899）: Democracy in America. New York, book I, part I, chapter VI（translated by Henry Reeve）, 95, 97, 100.

85 I bid., 226, 228, 229.

86 I make use of E.H. Kossmann, The Low Countries 1780–1940（Oxford, 1978）, Marc Reynebeau, Een geschiedenis van Belgie（Tielt, 2003）, Rolf Falter, 1830: De scheiding van Nederland,Belgie en Luxemburg （Tielt, 2005）, Els Witte, Jean-Pierre Nandrin, Eliane Gubin & Gita Deneckere, Nieuwe geschiedenis van Belgie, deel 1: 1830 （Tielt, 2005） and Els Witte, Jan Craeybeckx & Alain Meynen, Politieke geschiedenis van Belgie:van 1830 tot heden （Antwerp, 2005）.

87 Rolf Falter, 2005: 1830: De scheiding van Nederland, Belgie en Luxemburg. Tielt, 203.

88 E.H. Kossmann, 1978, The Low Countries 1780–1940. Oxford,157.

89 John Gilissen, 1968: ‘La Constitution belge de 1831: ses sources,son influence’. Res Publica, 107-41. See also: P. Lauvaux,2010: ‘La Constitution belge aux sources de la Constitution de Tirnovo’, in L’union fait la force: Etude comparee de la Constitution belge et de la Constitution bulgare. Brussels, 43-54,and Asem Khalil, 2003: Which Constitution for the Palestinian Legal System? Rome, 11.

90 Zachary Elkins, 2010: ‘Diffusion and the constitutionalization of Europe’. Comparative Political Studies 43, 8/9, 988.

91 J.A. Hawgood, 1960: ‘Liberalism and constitutional developments’, in The New Cambridge Modern

History, vol. x,The Zenith of European Power, 1830–70. Cambridge, 191.

92 Hendrik Conscience, 1850: De loteling. Antwerp.

93 James W. Headlam, 1891: Election by Lot at Athens.Cambridge, 1.

94 Francis Fukuyama, 1992: The End of History and the Last Man.New York, 43.

95 David Holmstrom, 1995: ‘New kind of poll aims to create an “authentic public voice”’. The Christian Science Monitor, 31 August 1995, and James S. Fishkin & Robert C. Luskin, 2005: ‘Experimenting with a democratic ideal: deliberative polling and public opinion’. Acta Politica, 40, 287.

96 Daniel M. Merkle, 1996: ‘The National Issues Convention deliberative poll’. Public Opinion Quarterly, 60, 588-619.

97 John Gastil, 1996: Deliberation at the National Issues Convention: An Observer’s Notes. Albuquerque, 21.

98 David Holmstrom, 1995: ‘New kind of poll aims to create an “authentic public voice”’. The Christian Science Monitor, 31 August 1995.

99 他不僅在加拿大、澳大利亞、北愛爾蘭、丹麥、義大利、匈牙利、保加利亞、希臘、波蘭、歐盟，而且在巴西、阿根廷、日本、韓國，以及中國大陸、澳門、香港組織了協商式民調。參見：http://cdd.stanford.edu/.

100 Jeanette Hartz-Karp & Lyn Carson, 2009: 'Putting the people into politics: the Australian Citizens' Parliament'. International Journal of Public Participation 3, 1, 18.

101 Manon Sabine de Jongh, 2013: Group Dynamics in the Citizens'Assembly on Electoral Reform. PhD thesis,Utrecht, 53.

102 我從二〇一二年十二月十三日在魯汶與卡蒂的談話中產生了這一觀點，他是不列顛哥倫比亞省公民討論會研究中心的主任。

103 Manon Sabine de Jongh, 2013: Group Dynamics in the Citizens'Assembly on Electoral Reform. PhD thesis, Utrecht,53-55.

104 Lawrence LeDuc, 2011: 'Electoral reform and direct democracy in Canada: when citizens become involved'. West European Politics 34, 3, 559.

105 I bid., 563.

106 John Parkinson, 2005: 'Rickety bridges: using the media in deliberative democracy'. British Journal of Political Science 36, 175-83.

107 Eirikur Bergmann, 2013: 'Reconstituting Iceland: constitutional reform caught in a new critical order in the wake of crisis'.Conference paper, Leiden, January 2013.

108 http://en.wikipedia.org/wiki/Icelandic_Constitutional_Assembly_election,_2010（last accessed 1 April

2016）.

109 https://www.washingtonpost.com/blogs/monkey-cage/wp/2015/06/05/the-irish-vote-for-marriage-equality-started-ata-constitutional-convention/

110 De Standaard, 29 December 2012.

111 Antoine Vergne, 2010:‘A brief survey of the literature of sortition: is the age of sortition upon us?’, in Gil Delannoi & Oliver Dowlen（eds）, Sortition: Theory and Practice. Exeter and Charlottesville, 80. Vergne counts sixteen, but recently several have been added.

112 針對美國：Ernest Callenbach & Michael Phillips, A Citizen Legislature（Berkeley, 1985; new edition Exeter and Charlottesville, 2008）; John Burnheim, Is Democracy Possible? The Alternative to Electoral Politics（London, 1985, full text online at http://setis.library.usyd.edu.au/democracy/index.html, accessed 1 April 2016）; Ethan J. Leib, Deliberative Democracy in America: A Proposal for a Popular Branch of Government（Philadelphia, 2005）; and Kevin O'Leary,Saving Democracy: A Plan for Real Presentation in America（Stanford, 2006）. 針對英國：Anthony Barnett & Peter Carty,The Athenian Option: Radical Reform for the House of Lords（London, 1998; new edition 2008, Exeter and Charlottesville）;Alex Zakaras,‘Lot and democratic representation: a modest proposal’, Constellations（2010） 17, 3; Keith Sutherland, A People's Parliament: A（Revised） Blueprint for a Very English Revolution（Exeter

and Charlottesville, 2008） and Keith Sutherland, ‘What sortition can and cannot do’（2011, http://ssrn.com/abstract=1928927, last accessed 1 April 2016）. 針對法國：Yves Sintomer, Petite histoire de l’experimentation democratique: Tirage au sort et politique d’Athenes a nos jours（Paris, 2011）. 針對歐盟：Hubertus Buchstein, Demokratie und Lotterie: Das Lot als politisches Entscheidungsinstrument von Antike bis zur EU（Frankfurt and New York, 2009） and Hubert Buchstein & Michael Hein, ‘Randomizing Europe:the lottery as a political instrument for a reformed European Union’, in Gil Delannoi & Oliver Dowlen（eds）, Sortition:Theory and Practice （Exeter and Charlottesville, 2011）, 119-55.

113 Ernest Callenbach & Michael Phillips, 1985（2008）: A Citizen Legislature. Exeter, 67.

114 這一觀點與卡倫巴赫和飛利浦的另一個不同之處在於，「同儕院」的六百名成員中有數名政黨代表。這些代表並非抽籤產生，而是直接任命，他們是公民討論會和政黨之間的橋樑，這與愛爾蘭的憲法大會有些相似。班奈特和卡蒂追隨他們的美國同行，建議在使用抽籤時條件應盡可能吸引人（可觀的報酬、給雇員的補貼），以取得盡可能強的多樣性；但他們同時認為，若被抽中，參與並非強制性的，不能像服兵役或參加公民陪審團那樣。

115 Anthony Barnett & Peter Carty, 1998（2008）: The Athenian Option: Radical Reform for the House of Lords. Exeter, 22.

116 Keith Sutherland, 2011:‘What sortition can and cannot do’.http://ssrn.com/abstract=1928927. See also Keith Sutherland,2008: A People’s Parliament: A（Revised）Blueprint for a Very English Revolution. Exeter.

117 Yves Sintomer, 2011: Petite histoire de l’experimentation democratique: Tirage au sort et politique d’Athenes a nos jours.Paris, 235.

118 Hubertus Buchstein, 2009: Demokratie und Lotterie: Das Lot als politisches Entscheidungsinstrument von Antike bis zur EU.Frankfurt, 448.

119 Terrill Bouricius, 2013:‘Democracy through multi-body sortition: Athenian lessons for the modern day’. Journal of Public Deliberation 9, 1, article 11, 5.

120 Terrill Bouricius, Email, 14 June 2013.

121 Terrill Bouricius & David Schecter, 2013:‘An idealized design for the legislative branch of government’. Systems Thinking World Journal 2, 1.

122 John Keane, 2010: The Life and Death of Democracy. London,737.

123 Alex Guerrero（in preparation）: The Lottocratic Alternative.Unpublished manuscript.

124 Meeting of the Minds in 2005, European Citizens’Consultations in 2007 and 2009.

125 這裡其實指三個區域（佛蘭芒語區、法語區和德語區）和三個地區（佛蘭德斯大區、布魯塞爾大區和瓦隆大區）。布魯塞爾的官方語言有法語和荷蘭語兩種；而瓦隆的主要語言為法語，在其東部有一個德語區。

126 這也出於以下原因：1.作為一個小國，比利時很適合試驗抽籤模式（不算太遠的旅行距離、首都地處國家中心、靠近歐洲的監管機構）。2.考慮到有三種官方語言的存在，且首都有多語種並存，推行學者所稱的「分裂社會中的協商民主」將面臨巨大的挑戰。3.比利時有進行政治革新的傳統，不僅有一八三一年頒布的比利時憲法，還有關於種族滅絕、同性婚姻、安樂死的法律，這些法律的頒佈都比很多歐盟成員國早十年。4.人口的複雜構造使領先的憲法得以制定，如其中的加權表決制度此後也被其他歐洲國家使用。5.在立法和憲法方面，比利時一直是歐洲其他國家的試驗地。6.政府和人民對創新的公民參與模式越來越熟悉；得益於一個強勁的市民社會（工會、雇主行會、青年運動、婦女運動、家庭組織、俱樂部和社團等）、各基金會和機構的工作、一些高水準的國際研究、多個專注於參與陪同的小公司以及諸多成功的公民參與形式（地方、省級和區域層面），民主革新不再是禁忌。

127 John Keane, 2010: The Life and Death of Democracy. London,695-98.

人
文。
023

反對選舉
Tegen Verkiezingen

國家圖書館出版品預行編目（CIP）資料

反對選舉 / 大衛・凡・雷布魯克（David van Reybrouck）著；甘歡譯. -- 初版. -- 臺北市：聯合文學, 2019.11
248 面；14.8X21 公分. --（人文；23）

ISBN 978-986-323-321-3（平裝）

391.34　　108013825

出版日期／2019 年 11 月　初版
定　　價／320 元

ISBN 978-986-323-321-3（平裝）
本書如有缺頁、破損、裝幀錯誤，請寄回調換

作　　者／大衛・凡・雷布魯克（David van Reybrouck）
譯　　者／甘　歡
發 行 人／張寶琴

總 編 輯／周昭翡
主　　編／蕭仁豪
外文編輯／李珮華
實習編輯／張書瑜
資深美編／戴榮芝
業務部總經理／李文吉
行銷企劃／邱懷慧
發行專員／簡聖峰
財 務 部／趙玉瑩　韋秀英
人事行政組／李懷瑩
版權管理／蕭仁豪

法律顧問／理律法律事務所 陳長文律師、蔣大中律師
出 版 者／聯合文學出版社股份有限公司
地　　址／110 臺北市基隆路一段 178 號 10 樓
電　　話／（02）2766-6759 轉 5107
傳　　真／（02）2756-7914
郵撥帳號／17623526 聯合文學出版社股份有限公司
登 記 證／行政院新聞局局版臺業字第 6109 號
網　　址／http://unitas.udngroup.com.tw
E—mail：unitas@udngroup.com.tw
印 刷 廠／沐春行銷創意有限公司
總 經 銷／聯合發行股份有限公司
地　　址／234 新北市新店區寶橋路 235 巷 6 弄 6 號 2 樓
電　　話／（02）29178022

反對

選舉